Eugène FAUGIÈRE

ITALIE

Notes et Croquis

AURILLAC
IMPRIMERIE H. GENTET ET FILS
6, rue Marchande, 6
1905

ITALIE

NOTES & CROQUIS

I

Nimes. — Arles

Mes chers lecteurs, je viens de « découvrir » l'Italie et je me propose de vous en servir quelques tranches. Vous me direz que tout cela a été déjà fait, que j'arrive trop tard, d'accord ; cependant, malgré tout mon désir de vous être agréable, il m'a été impossible de naître avant l'homme matinal qui la découvrit le premier. Cet homme-là, d'ailleurs, pourrait bien n'avoir jamais existé, et c'est mon excuse. L'Italie paraît avoir été connue de tout temps. On en parlait déjà à l'époque de la mémorable guerre des Pygmées contre les grues, et cela remonte loin. Les Pygmées nous ont quittés, mais les grues nous restent : il y en a de superbes à Paris, au jardin d'Acclimatation.

Ceux de vous qui ont déjà parcouru l'Italie n'ont évidemment pas besoin de ma prose ; ceux qui, sans sortir de chez eux, ont consumé de nombreuses bougies à la lecture d'ouvrages variés traitant de l'Italie au point de vue poétique, sentimental, artistique, archéologique ou simplement touristique, pourraient presque rentrer dans la catégorie précédente ; mais ceux qui n'ont pas eu le loisir de voyager ni de lire de gros livres, seront peut-être heureux de puiser en peu de temps, dans ces lignes sans prétention, un aperçu rapide de ce pays merveilleux qui est aux artistes et à toute personne cultivée ce que la Mecque est au mahométan. Tout disciple de Mahomet, même le plus pauvre, doit, une fois en sa vie, accomplir le douloureux pèlerinage de la Ville Sainte, courber son front humilié et baiser la poussière devant la tombe du Prophète. J'espère que les croquis qui vont suivre, brefs mais sincères, décideront quelques-uns d'entre vous à boucler leur valise pour aller visiter ce pays légendaire qui vit tour à tour les Césars sanguinaires et les martyrs chrétiens; le pays glorieux de Dante et de Pétrarque, du Titien et de Michel-Ange, la patrie de Mignon...

．·．

Avant de saluer, à Vintimille, la terre latine notre aïeule, et de passer au guichet pour changer quelques billets bleus français contre des papiers italiens de semblable couleur mais plus sales, petite opération qu'on exécute de même, machinalement, à chaque frontière, je ne voudrais pas faire comme ces personnes qui couvrent de fleurs et entourent de prestige les étrangers au détriment de leur propre famille. Il y a, blotties le long de la Côte d'Azur, quelques perles bien françaises, du plus pur éclat, devant lesquelles personne n'a l'habitude de détourner la tête. Je crois donc devoir les rappeler en passant.

Le P.-L.-M. me dépose à Nîmes par un beau soir de fin mars. Ici, tout est déjà en fleurs, les rossignols chantent sous des bosquets de lauriers, l'air est embaumé, c'est un enchantement quand on arrive de notre sévère pays.

Je cours aux Arènes, qui me frappent par leur masse grandiose, leurs nobles lignes ; à la Maison carrée, charmante de contraste, d'un goût si pur, de proportions exquises. Monuments debout depuis deux mille ans pour montrer avec plus d'éloquence que les livres ce qu'était l'art romain, ce que fut l'art grec.

Je traverse la vieille cathédrale romane, mais la fraîcheur ombragée du Jardin de la fontaine m'attire après ce long hiver qui vient de finir. Le vert profond des bosquets de tamaris et de pins qui la couronnent lui donnent un cachet antique. Il semble qu'une nymphe, troublée par le bruit de mes pas, va quitter ces taillis de myrtes et s'élancer vers la source.

. .

Arles serait bien gentille, — gentille comme ses femmes au profil grec, lesquelles méritent d'ailleurs leur réputation de beauté — si l'on pouvait marcher dans ses rues mal pavées, étroites, où l'on se perd comme en un labyrinthe, et si l'indolence méridionale n'y sévissait pas aussi fort.

Dans les hôtels et les cafés, impossible de se faire servir. Le printemps naissant semble avoir désorbité toutes les cervelles.

Je me trouve, par erreur, dans une maison qui se dit de premier ordre. Par erreur, car j'ai remarqué qu'on est généralement mieux soigné, moins abandonné dans les hôtels de second ordre. Ce soir, on dîne par petites tables. Plusieurs familles anglaises sont déjà installées et, à chaque instant, descendent de leurs chambres d'autres anglaises qui viennent se mettre aux tables déjà occupées. Elles sourient en entrant, leur famille leur sourit et elles s'assoient. Elles ont l'air de sortir du *tub* tant leur peau est luisante. Tout le monde attend, personne ne parle.

Il y a beaucoup de garçons en habit, qui s'agitent énormément, mais qui n'apportent rien. Ils paraissent tous chargés de tout le service, de sorte que chacun compte sur les autres.

Première table. — Aho! *gaaçon,* quelle est cette eau?

— Madame, c'est de l'eau du Rhône filtrée.

— Oh! *gaaçon*, voulez-vous *empoter* l'eau du Rhône? Je ne buvais jamais... il avait le typhoïde.

Immédiatement les autres tables rendent leurs carafes. On apporte aux unes des eaux de Vichy, aux autres des eaux de seltz et l'émotion se calme.

Deuxième table. — *Gaaçon*, j'avais très-faim maintenant. Voulez-vous *sévir* le *potèdge*?

Bien, madame.

Tous les garçons accélèrent leur allure, mais le potage ne vient toujours pas.

En revanche, le sol tremble tout à coup; l'hôtel se remplit d'affreux mugissements. Nous ne sommes pas loin de Tarascon, serait-ce la Tarasque?

C'est bien pis! Une « 40 chevaux » fait son entrée dans la cour de l'hôtel avec un chargement d'Américains, et quand une « 40 chevaux » arrive quelque part, l'infortuné voyageur, qui est modestement venu par l'omnibus, dégringole sans phrases de bien des degrés. Il ne représente plus qu'un lointain numéro de chambre!

L'allure des garçons est devenue vertigineuse. A la cuisine, les trépidations de l'auto ont réveillé les inerties et, au moment où, débarrassés de leurs masques et manteaux de route les *yankees* en *suits* impeccables et en fraîches toilettes font leur entrée, le potage paraît.

* *
*

Arles, que les anciens appelaient la Rome gauloise, mérite encore ce nom pour ses ruines antiques. Nulle ville française n'en possède autant. Ses arênes, son théâtre antique, son musée lapidaire, rempli de précieux débris qui sortent de la banalité courante, attestent l'importance que la ville eut dans le passé. Mais ce sont ses vieilles murailles écroulées en un chaos cyclopéen, vers les Alyscamps, qui donnent à Arles son plus pur cachet. Par là, elle est égale, sinon supérieure à Tolède, qu'elle rappelle encore par bien d'autres points.

Devant quitter cette intéressante ville de grand matin, j'ai voulu revoir de nuit les ruines du théâtre antique. La soirée est tiède et le ciel parfaitement pur. La lune glisse derrière les mélèzes du jardin municipal, projetant par places sa blanche lumière sur les fûts de colonnes et les chapiteaux écroulés. L'impression est forte; plus apaisante que mélancolique. Dans la ville, aucun bruit, pas de mouvement de voitures, l'étroitesse des rues ne s'y prêtant pas. Quelques rares passants attardés, les autres dorment déjà.

Je regagne l'hôtel en m'orientant difficilement dans les ruelles. Grande et mince dans son costume noir, une jeune femme passe sans bruit, comme une ombre, suivie d'une duègne hautaine, fièrement drapée dans son châle noir. Toutes deux casquées haut de la coiffe en dentelles ceinte du large ruban de soie. Et je m'aperçois que ce matin, devant les vieux remparts tout blancs sous le ciel bleu, baignés d'une intense clarté, couronnés de verdure sombre, je n'avais pas vu toute la Provence, et que je viens d'en voir l'autre face en cette fine silhouette noire, se projetant sur des ruines, dans cette ruelle étroite, profonde comme une tombe, par cette nuit paisible...

II

De Marseille à Monte-Carlo

Marseille est toujours la ville grouillante, odorante, fiévreuse, chaude ; mais le touriste qui se contenterait de visiter les beaux quartiers ne pourrait se douter que le vieux Marseille est une toute autre ville, d'une couleur, d'un style, d'un pittoresque à rendre des points à tout ce qui est devenu classique en ce genre. C'est à la fois Naples et White-Chapel, vers les bas quartiers de la Tamise. Par exemple, il ne faut pas aller s'y promener trop bien mis, ni vers les deux heures du matin, si l'on a pas un goût prononcé pour les aventures. De même que si l'on craint le vertige, il ne faut pas monter à N.-D. de la Garde par l'ascenseur ; mais le spectacle vaut la peine qu'on fasse un petit effort de volonté.

L'ascension se fait à peu près verticalement et, en moins de deux minutes, la vue plane sur l'énorme ville, sur la campagne et sur la mer. Le frein, qui s'agrippe par saccades à mesure qu'on monte, vous donne le sentiment qu'en cas de rupture du câble, il se pourrait qu'on ne soit pas précipité dans le vide avec toute la machine. Je dirais tout net que la vue est splendide, si je n'avais besoin de garder une provision de superlatifs pour l'Italie vers laquelle nous nous acheminons.

Enfin je n'aurais garde d'oublier l'inévitable Cannebière, aorte de ce grand cœur vivifié par la mer, et les alertes tramways, fréquents et jamais complets, même quand on s'y écrase, dont Marseille est fière à bon droit. Ils vous prennent à la Cannebière, vous y ramènent, vous y reprennent, c'est le mouvement perpétuel.

Une ombre tache pourtant le front lumineux de cette belle ville : la mendicité y est sinistre. Il faudrait aller jusqu'à Londres pour retrouver de pareilles loques humaines. De pauvres petits, à demi nus, amputés d'un bras, d'une jambe, soutenus par des cannes, des béquilles ou même montés sur deux bouts de bois quand ils n'ont pas de jambes, tendent la main et doivent gagner leur vie à l'âge où d'autres bébés, nés sous une étoile plus heureuse, commencent à peine à marcher. Ils vivent en nomades, par troupes, comme les chiens à Constantinople.

Enfin on trouve tout à Marseille, c'est un kaléidoscope et s'il m'a été donné de le voir si bien, en si peu de temps, c'est encore à un de nos compatriotes que je le dois. Fixé depuis longtemps dans la vieille cité Phocéenne, sa personnalité s'y affirme tous les jours davantage et dernièrement encore son audacieux projet d'ascenseur à l'intérieur du mont Blanc a défrayé les chroniques de toute la presse française.

.·.

En gare de Marseille, quatre jeunes internes en médecine, de Toulouse, montent dans mon compartiment, vêtus en militaires. Ils vont faire une période d'instruction au 111e de ligne à Toulon. Les carabins sont en général bruyants et ne passent pas pour engendrer la mélancolie, mais des carabins de Toulouse rendraient des points à tous les carabins du monde. Ceux-ci étaient d'une exubérance folle.

Aussitôt le train en marche, ils se mettent à parler et à chanter à la fois ; l'un récite des vers de Baudelaire à la lampe qui brûle au plafond du wagon ; un autre déclame les Bucoliques par la portière ; un troisième, debout, fait aux voyageurs qui se trouvent là une conférence pathétique sur un sujet cher à Brieux ; un autre agite à tours de bras une sonnette de bicyclette en criant d'un air désolé : « De grâce, Messieurs, « je vous en supplie, gazez ! Messieurs, de grâce, ne « continuez pas sur ce ton, vous allez m'obliger à « interrompre mon cours ! Messieurs, je me couvre « et je quitte la salle. » Et il passe une jambe par la fenêtre du wagon. Les autres se cramponnent à lui avec des gémissements.

A une station, ils font monter toute une famille composée du père, de la mère et de trois jeunes filles, dans notre compartiment qui est déjà complet ; ils offrent leurs genoux, puis se confondent en excuses pendant que leurs victimes redescendent en maugréant. Les voyageurs, qui avaient battu froid au début, ont fini par se dérider ; maintenant, tout le monde pouffe.

Mais voilà que depuis un instant l'un des jeunes Esculape révulse ses yeux, pousse des soupirs et se plaint qu'il ne respire plus, qu'il est trop serré. Son voisin lui offre de découdre de quelques points la patte de son pantalon rouge.

— C'est cela, dit l'autre, découds-moi ça. Arrivé à Toulon, je demanderai une aiguille et du fil et j'opérerai la soudure des lèvres de la plaie par première intention.

Son camarade prend son canif et commence à découdre. L'opération dure longtemps. Est-ce maladresse ou excès de précautions, il n'en finit pas. Enfin il pousse un cri de triomphe. C'est fini ! L'autre passe la main pour se rendre compte du travail et pousse un cri d'horreur : Le derrière de son pantalon est entièrement décousu et la doublure n'est pas de trop pour voiler un pareil désastre. Le malheureux cherche à aveugler l'ouverture pendant que les trois autres gloussent sur tous les tons et font un baccanal qui s'entend au bout du train. Tout le monde éclate de rire, même l'opéré, qui finit par renoncer à sa soudure par première intention, se drape noblement dans sa capote et s'assoit... sur ce qui reste de sa culotte.

A Toulon, ils descendirent enfin en se promettant de reconnaitre malades tous les camarades qui se présenteront à leur visite.

.· .·.

Que dire de Monte-Carlo qui ne soit déjà rebattu ?

Je ne parlerai donc pas de l'argent qui s'y gâche, ni des pigeons qu'on y massacre. L'écœurement que j'ai éprouvé dans les salles de jeu s'est trouvé un peu atténué par cette considération que le public allemand et anglais y est en grande majorité. C'est donc l'argent de nos voisins bien plus que le nôtre qui fournit la liste civile de S. A. Sérénissime le P. de Monaco. Cette pensée « nationaliste » m'a rendu sérénissime à mon tour.

Mais en voyant un vieux petit monsieur miser 2.000 francs à chaque coup sur un tableau de trente et quarante, je n'avais pu, tout d'abord, m'empêcher de songer à une malheureuse jeune femme qui était venue de Marseille sans billet et sans un sou, avec un enfant sur chaque bras, et qui, signalée à Antibes, avait quitté le train entre deux gendarmes.

Je voulus voir combien de temps durerait la résistance du vieux monsieur. Il perdait, en moyenne, deux coups sur trois, et chaque coup ne dure pas plus de deux minutes. La chaleur était lourde, l'air saturé des senteurs du parc en pleine floraison, mélangées aux parfums violents des femmes, attentives autour des tables. Je voulais me « payer la tête » du joueur, voir le moment psychologique où, sa poche étant vide, il ferait demi-tour. Or, savez-vous ce qui arriva ? Au bout de trois quarts d'heure d'observation, fatigué par cette attention soutenue, le manque d'air, l'immobilité forcée, les jambes prêtes à fléchir, ce fut moi qui battis en retraite, complètement abruti, pendant que le vieux petit monsieur, toujours calme, frais comme s'il sortait du *tub*, continuait à ponter d'un geste égal ses inépuisables billets de mille.

III

Gênes. — Le Campo Santo

Je me trouvais à Nice vers les premiers jours d'avril. La matinée était idéale, l'air embaumé par les fleurs dont le parc était plein. Du côté de la ville, les palmiers, les pins maritimes, les tamaris, les lauriers, tendaient sur le ciel éclatant la dentelle de leur feuillage ; du côté de la mer, la baie des Anges, moirée d'argent, resplendissait. Une envie folle me prit de rester à Nice, de ne pas m'éloigner de ce rêve, de ces lointains violets, de ces vapeurs mauves, de cette mer irisée. Mais, si je restais là, les *Ufizzi* et Saint-Marc et les soirs de Venise ne viendraient certes pas à mon devant. J'exhalai un soupir et partis.

Entre Nice et San Remo, dans ce décor paradisiaque où l'on voudrait voyager seul, se recueillir pour mieux admirer, mon attention est constamment distraite par mes voisins de route.

J'ai en face de moi, à gauche, deux allemandes qui mangent des œufs durs et qui ont remplacé la traditionnelle bouteille : un tiers de vin, deux tiers d'eau, par un flacon de fine champagne dont elles boivent de fréquentes rasades. Vraie *fine*, d'ailleurs, dont l'arôme parfume tout le compartiment. A ma droite, un jeune anglais avec sa mère. Cette dernière mérite une petite description :

C'est une femme à tête de bouledogue, au nez retroussé, petite de taille, mais de très forte corpulence, âgée de soixante ans environ. Elle est vêtue d'une robe de bure tirant sur la carmélite, de forme identique à celles que portent les capucins, et coiffée d'une casquette de bicycliste de même étoffe. Derrière sa tête, un long voile de gaze vert tendre descend jusque sur ses épaules. Sous le cou, une bavette en baptiste comme celles des nouveaux-nés. Enfin des lunettes d'or de taille avantageuse. Je comptais toujours voir jouer un rôle à la bavette, d'un moment à l'autre, mais rien ne se produisit. L'honorable dame dormit pendant tout le trajet, ainsi que son fils, et leurs figures béates me disaient assez le rêve enchanteur qui les berçait : ils rêvaient que le train roulait en un voyage éternel aux bords de la Tamise, sous un soleil de plum-pudding, dans de frais jardins ombragés d'arbres à pickles, arrosés par de joyeux ruisselets de pale-ale et de wisky...

Mais la réalité était plus belle. Jusqu'à Gênes, le train suit la côte de si près qu'il roule la plupart du temps sur la plage même. La rive se déroule en une vaste courbe découvrant successivement des jardins merveilleux, plantés de citronniers, d'orangers, de grenadiers, s'étageant en terrasses jusqu'aux premières pentes de la montagne.

Dans toutes les gares, on peut lire déjà les mots *merci celeri* qui firent croire à l'humoriste Alphonse Allais que l'Italie tout entière, passionnée pour ce légume, chantait un hymne à sa louange. Ce ne fut que plus tard, rentré à Paris, qu'il apprit que *merci celeri* voulait dire marchandises en grande vitesse.

Nous passons à Bordighera aux végétations luxuriantes, San Remo, qui vit s'éteindre Frédéric III, et Savone qui vit naître deux papes : Sixte IV et Jules II. Sestri, où s'élèvent des palais et de riches villas, annonce déjà la Ville de marbre.

. . .

Gênes est un précieux écrin où les curiosités abondent, mais de grâce, si vous y allez, ne prenez pas trop de voitures. Prenez-en une pour avoir un aperçu général, puis allez à pied. Un fiacre vous déposerait aux palais, aux églises et vous croiriez avoir vu Gênes. Vous connaitrez de beaux monuments, mais vous ignorerez tout de la ville et c'est elle surtout qu'il faut voir.

Le vrai touriste va à pied, lentement, la tête en l'air et l'œil aux aguets. Commencez par un grand circuit de deux heures qui vous ramènera à votre point de départ pour le déjeuner ou le diner et pendant lesquels vous vous reposerez. Cette promenade suffira, le plan à la main, bien entendu, pour vous orienter dans la ville. Ensuite, consacrez les heures ou les jours dont vous disposerez encore à reprendre en détail les quartiers que vous avez déjà traversés, en vous rabattant toujours sur votre premier circuit pour rentrer. Vous ferez ainsi, presque à chaque pas, des trouvailles agréables ; vous scruterez ces extraordinaires ruelles, vous glisserez vos regards au fond des petites échoppes, des boutiques vraiment locales où vous surprendrez sur le fait les mœurs, la vraie vie italiennes. Vous rencontrerez à tous moments des tours, des frontons, des colonnes, jusqu'à des églises perchées sur des toits, partout du marbre, et des quartiers étranges colorés comme un arc-en-ciel. Vous saisirez au passage de curieuses scènes de la rue. Vous respirerez un air qui fleure le musc ou la cannelle, mais vous serez surpris de ne sentir aucune mauvaise odeur dans ces ruelles étroites, encaissées, remplies nuit et jour de lessives qui sèchent. Car les gens du peuple n'ont pas d'autre endroit que la rue pour faire sécher leur linge. Ils tendent des cordes d'une fenêtre à l'autre à tous les étages, le plus souvent en biais pour avoir plus de longueur, et ils chargent ces cordes de toutes sortes de vêtements : pantalons d'hommes et jupons bariolés, chemises ornées, mouchoirs et pantalons roses, de femmes, que la bise gonfle comme de grosses lanternes vénitiennes.

L'exposition permanente de ces oripeaux multicolores, spéciale à la ville de Gênes, produit sur l'étranger un effet aussi inattendu que pittoresque.

* *
*

Une visite au Campo Santo est obligatoire pour le touriste, car ce genre de cimetières est absolument inconnu en France.

Qu'on se représente un vaste jardin quadrangulaire, très vert, entouré d'une large galerie couverte, ouverte en arceaux du côté de l'intérieur comme sont les vieux cloîtres attenants à de nombreuses églises. Dans le jardin sont les tombes ordinaires, modestes, surmontées d'une simple croix de marbre ; tout le tour, sous les arceaux et contre les murs, se pressent par centaines les monuments fastueux.

J'avais beaucoup entendu railler le Campo Santo de Gênes. Il est certain qu'il y a pas mal d'œuvres d'un goût douteux, des groupes en marbre de Carrare, grandeur nature, qui excitent le sourire, le rire et même le fou rire. Il y a, par exemple, toute une famille réunie autour du lit d'un mourant, les dames en dessous de dentelles, les hommes en veston. Dans un autre monument, un monsieur en brodequins lacés et cloués, chapeau melon à la main et pantalons trop courts, baise au front une dame qui s'éteint dans un fauteuil. Dans un autre, un brave homme à figure réjouie — le défunt — passe son buste par une fenêtre, et sa femme, restée sur la terre, se hausse sur la pointe des pieds pour lui tendre à bouts de bras un bébé qu'il embrasse. Dans un autre encore, dont le propriétaire quitta ce monde au moment précis où la mode était aux pantalons à pieds d'éléphant, le monument représente le *de cujus* avec des pantalons collants dont l'extrémité s'évase en conque jusqu'au bout des pieds. Comme il a, par surcroît, une assez mauvaise figure, on cherche machinalement la casquette et les accroche-cœurs...

Tout cela, ne l'oublions pas, taillé dans des blocs bruts de dix mille francs au bas mot.

Mais à côté de ces scènes étranges que les artistes ont exécutées en pleurant, j'aime à le croire, — il faut gagner son pain, — il en est d'autres et nombreuses d'une grandeur saisissante, d'un style parfaitement noble et pur. Je citerai, parmi plusieurs centaines : l'ange qui garde la tombe, appuyé sur ses ailes, les bras croisés ; — la jeune fille couchée qu'un ange vient chercher ; elle le reçoit avec un adorable sourire extatique et se soulève à demi, prête à partir ; — le tombeau dont la lourde porte de bronze est entr'ouverte. Une jeune femme, qui semble flotter dans l'air tant sa démarche est légère, en conduit une autre du bout des doigts et lui montre, d'un signe mystique, la porte sombre où il va falloir entrer. Il y a dans cette œuvre un silence, une paix extra terrestre, une légèreté de touche qui captivent et précipitent les pensées.

Non, le Campo Santo n'est pas risible ; de son ensemble se dégagent une note d'art mélancolique, un sentiment de respect pour l'au-delà, une émotion pénétrante. De tous ces monuments s'élève un long sanglot, car ils tendent tous à personnifier la douleur, mais une douleur sans amertume, qui s'abandonne à l'espérance et trouve son apaisement dans la foi.

IV

Pise

De Gênes à la Spezzia, la voie ferrée continue à suivre la mer et lentement se montrent aux yeux ravis du touriste les beautés de la Rivière du levant, région peut-être un peu moins classique que le pays situé avant Gênes, qu'on nomme Rivière du ponent, mais aussi intéressante au point de vue des excursions pédestres.

Nervi, Chiavari, Sestri *levante* déploient tour à tour leurs forêts d'orangers, d'oliviers et de citronniers, et leurs somptueuses villas presque toutes aux mains des étrangers.

Après Spezzia, la ligne quitte définitivement la mer. Sur la gauche apparaissent, barrant l'horizon, les Alpes apuanes ; à droite, la campagne devient plate et présente d'interminables rizières parsemées de quelques vignes.

Depuis un instant, je remarque que les voyageurs qui montent et descendent paraissent saupoudrés de farine et ont les chaussures blanches de poussière.

Nous sommes pourtant bien loin des plaines de la Manche et je n'aperçois pas de moulins à vent. Bientôt, j'ai l'explication de la chose : des ateliers, des entrepôts se pressent le long de la voie, remplis de blocs éclatants qu'un enfant prendrait pour du sucre, mais qui sont du marbre. Nous passons devant Carrare, Massa, Serravezza… dont les montagnes recèlent la précieuse pierre.

Ordinairement, les gens qui manquent de pain n'ont pas l'habitude de le remplacer par de la brioche ; ici, comme on n'a pas de pierres, on se sert de marbre. Les plus infimes chaumières l'emploient aux portes et aux fenêtres ; la route en est empierrée ; le ballast de la voie est fait de débris de marbre. Marbre vulgaire, marbre statuaire, brèches multicolores, car il y a toutes sortes de variétés.

Des charriots primitifs, attelés de grands bœufs blancs aux longues cornes, vont chercher le marbre dans les exploitations de la montagne, qui renferme plus de six cents carrières, et l'amènent au chemin de fer.

Plus loin commencent à se montrer les magnifiques pins, d'abord clairsemés, groupés en bouquets, puis bientôt réunis en forêt au sortir de laquelle apparaissent en un rapide éclair les radieux monuments de la place du Dôme. Puis tout disparaît ; un tunnel, des maisons, le train entre en gare, nous voilà à Pise.

※

Pise est une petite ville morte, — pour être poli, disons qui sommeille, — entre deux cités illustres, animées et bruyantes : Gênes et Florence. La transition, qui est assez brusque, n'en est que plus saisissante. Plus de mouvement, plus de foule affairée, plus de type italien, même, un peu caractérisé. Des gens quelconques, blonds, châtains, voire rouges. On se croirait transporté dans une ville de nos régions si la ligne des maisons qui bordent les deux rives de l'Arno n'étaient pas peintes de vives couleurs et n'avaient pas toutes cette forme rectangulaire, à petites fenêtres et à portes ogivales qui, des grands palais Renaissance, est descendue aux simples habitations.

Tout le long de l'Arno, sur ces deux boulevards qui constituent le centre animé de la ville, le Tout-Pise, représenté par huit ou dix familles, se promène « à la fraîche » avant le dîner. Tout le monde se connaît ; on se salue et les jeunes filles à marier font de petits signes d'intelligence aux jeunes gens qui passent à bicyclette. Les hommes se groupent à l'entrée des ponts pour causer entre eux.

Peu leur chaut, à ces braves Pisans, que la Tour penche et que le Dôme soit un chef-d'œuvre ; c'est si loin qu'ils n'ont pas souvent occasion d'y aller voir. C'est bien, en effet, à huit minutes, mais plus les villes sont petites, plus leurs habitants se plaignent d'être loin de tout.

Le Dôme, le Baptistère, la Tour penchée et le Campo-Santo sont réunis sur une même place et comme mis en pénitence à l'extrême coin Nord-Ouest de la ville. Les trois premiers sont en marbre de Carrare, patiné par les siècles, doré par le soleil et ciselé avec la plus grande magnificence.

Quand on débouche sur la place par la rue Santa-Maria et qu'on voit brusquement ces trois prières de marbre s'enlevant, calmes et sereines, dans le ciel bleu, on est vraiment ému, si peu que l'on soit accessible au sentiment du beau.

La perle du Baptistère est la chaire supportée par des lions, de Nicolas Pisano. A la voûte du Dôme pend le vieux lustre qui donna à Galilée l'idée du pendule. Quant à la Tour, elle a fait et fera toujours le désespoir des architectes. Ils n'ont jamais pu savoir si elle a été construite penchée ou si elle s'est affaissée depuis. Aujourd'hui, ils penchent (eux aussi!) pour cette dernière hypothèse. C'est une tour ronde, à six étages de gracieuses colonnettes et de 54 mètres de hauteur. Elle dévie de 4m 36 de la verticale. Pour rétablir en partie l'équilibre, la plus lourde de ses sept cloches, pesant 6000 kilos, a été placée du côté opposé à l'inclinaison.

*
* *

De même que Gênes, Pise a un Campo-Santo célèbre, mais dans lequel on n'enterre plus. La terre en fut, paraît-il, apportée de Jérusalem. L'aire a été complètement débarrassée des sépultures et ne forme plus qu'une pelouse. Cependant, le jour où je m'y trouvais, je regardai un instant des ouvriers occupés à construire une petite voûte au-dessus d'un luxueux cercueil en marqueterie qui portait la date de 1902. Certains personnages auraient donc encore le droit d'aller dormir en moyenageuse compagnie dans le pourtour réservé du Campo-Santo.

Ce pourtour renferme, en effet, de magnifiques sarcophages du XIIIe au XVIe siècles et d'autres, non moins beaux, de l'antiquité. Parmi ces derniers, il en est de fort curieux, datant des premiers temps du christianisme. Pendant que les personnages qu'ils représentent en hauts-reliefs sont de style et d'aspect païens, les sujets représentés sont nettement chrétiens, tels que le sermon sur la montagne, la résurrection de Lazarre, les noces de Cana, etc.

On a là, sous les yeux, l'évolution de l'art qui hésite, cherche sa voie et ne suit que de loin le mouvement créé par la religion nouvelle;

Mais on ne va pas tant au Campo-Santo de Pise pour ses restes du passé, quelque intéressants qu'ils soient, que pour ses admirables et immenses fresques. Les murs en sont couverts du toit à la cimaise, et parmi elles, il s'en trouve deux, exécutées vers 1340 par les frères Lorenzetti, de Sienne, qui ont une réputation mondiale :

Le Triomphe de la Mort représente d'un côté les jouissances des grands. De nombreux seigneurs, revenant de la chasse, suivis de leurs dames, entourés d'amis, de pages, de serviteurs, passent à cheval devant une rangée de cercueils ouverts dont les occupants sont dans des états plus ou moins... avancés. Les nobles dames se voilent la face, des chevaux se cabrent, un seigneur se bouche le nez... A côté, un groupe de religieux, figures calmes, reposées personnifient la vie contemplative. Au milieu, la Mort, représentée par une bête affreuse comme en créent les cauchemars, dévore des enfants tout nus. Enfin, de l'autre côté, le séjour des élus goûtant les joies éternelles. Ces joies éternelles consistent, — dans la fresque, — à se regarder béatement, assis en rond, à appuyer une main sur son cœur ou un doigt sur sa joue et à écouter un ange, un seul, qui joue du violon sur une sorte d'instrument rond comme une demi citrouille.

Il faut avouer qu'aujourd'hui nous sommes un peu plus exigeants, mais pour l'an 1340, c'est déjà bien beau ainsi; les figures ont, d'ailleurs, une pureté, une sérénité idéales que l'Angelico dépassera à peine plus tard, et le coloris est encore éclatant après six siècles. Nous n'en ferions pas autant.

La deuxième des fresques qui attirent le plus les visiteurs, est celle du Jugement dernier, des mêmes artistes. C'est la classique disposition que tous les peintres ont adoptée depuis : les bons d'un côté et les méchants de l'autre, ceux-ci tarabiscotés de cent façons différentes et ingénieuses par les démons, ceux-là exaltés par les anges. Mais on remarque avec juste raison le fameux geste que Dieu fait aux damnés, geste que Michel-Ange trouva si beau qu'il se l'appropria deux cents ans plus tard.

V

Florence. — Le Dôme

C'est avec un soupir de satisfaction qu'on aperçoit à l'horizon les dômes et les campaniles de Florence. Cette illustre cité, une des plus célèbres du monde, ne se visite pas en vingt-quatre heures ; en voilà pour un moment.

Oh ! enfin se reposer du chemin de fer ! Pendant quelques jours ne plus voir de gares ; ne plus s'engouffrer, encadré d'innombrables anglaises en voiles blancs ou verts, de lourdes allemandes en voiles bleus, de messieurs tout en noir venus des Amériques dans des wagons surchauffés, où les bagages s'arriment comme dans les cales des paquebots ! Plus de déjeuners en dix-sept minutes dans les buffets, plus de processions à la *ritirate*. Je suis tenté de m'écrier comme Alphonse Allais : « *Merci ! celeri, merci !* »

Aussitôt la chambre retenue, la toilette bâclée, je me retrouve dans la rue encombrée d'une foule affairée. Pour aujourd'hui, il faut se donner congé et flâner. Quel bonheur de n'avoir rien à faire ! Il me semble que les talons que je fais sonner sur les belles dalles de la *via Calzaioli* sont ceux d'un bon gros Toscan qui n'a qu'à se laisser vivre.

L'animation est intense, la *season* bat son plein. Partout des gens le nez en l'air ou plongé dans leur guide ; des bandes d'anglais, d'allemands, conduits en troupeaux par leurs barnums, parlant fort, gesticulant. Ils s'abattent comme des sauterelles devant le bronze d'une porte, autour d'une colonne, d'une statue, d'une stèle, écoutant leur guide avec une telle attention qu'ils oublient de regarder

La chaussée est sillonnée de fiacres, d'omnibus, de bicyclettes, de petits tilburis bizarres qui vont comme le vent. On est peu sollicité par les cicérone, l'italien est assez discret et les mendiants sont rares.

Les magasins regorgent d'objets d'art, de bronzes, de marbres, de bijoux, de peintures, d'aquarelles, de reproductions en noir et en couleurs des œuvres des musées et galeries. On voit là, en passant, des objets ravissants pour la fabrication desquels les italiens sont passés maîtres : céramiques d'art, statuettes de marbre ou d'albâtre, bois sculptés, miniatures sur vélin, reproductions excellentes des tableaux célèbres qui parviennent à rendre le riche coloris, la puissante chaleur des maîtres vénitiens.

Et ce qui frappe par-dessus tout, ce qui saisit immédiatement l'attention de l'étranger dans tous ces spectacles de la rue, c'est le goût inné, le sentiment naturel de la beauté, l'exquise note d'art qui se dégagent de l'ensemble des choses et planent sur la ville. Tout ce que l'on voit ici semble plus beau qu'ailleurs. On sent que les âmes de Giotto et de Fra Angelico, de Michel-Ange, Cellini et Donatello, de Dante et de Galilée, pour ne citer que quelques noms parmi tant de génies qui ont illustré Florence, n'ont pas quitté tout à fait ce pays et qu'elles le guident toujours !

* * *

J'entre au Dôme où l'on prêche le carême. Bien qu'il y ait trois à quatre cents personnes groupées devant la chaire, l'énorme cathédrale paraît vide. L'extérieur, en marbre blanc et noir, couvert de sculptures, a évidemment subi pour sa construction l'influence du baptistère, qui est en face, et qui fut la première église de Florence. Depuis, bien des églises italiennes, également en marbre blanc et noir, ont emprunté à leur tour le style de leur décoration à celui du Dôme.

Intérieurement, la cathédrale est un peu nue, mais imposante par ses dimensions. Le chœur, qui se trouve entre les deux transepts, est surmonté d'une coupole de 91 m. de hauteur peinte à fresque par Vasari. Plusieurs tombeaux se voient dans les bas côtés, et aux extrémités de ceux-ci s'ouvrent deux sacristies dont l'une, décorée d'une façon charmante par della Robia, servit de refuge à Laurent de Médicis, le 26 avril 1478, pendant que, dans le chœur même, son frère Julien était poignardé par les partisans des Pazzi, famille rivale.

Les hommes sont debout, en face de la chaire, les femmes à droite et à gauche sur des bancs à accoudoirs. L'église est très sombre et de plus un vaste velum est tendu au centre de la nef de sorte qu'il me faut un moment avant d'apercevoir le prédicateur. C'est un petit homme noir, à barbe et à cheveux incultes, ceint d'une corde, et qui me paraît être un capucin. Il gesticule violemment, se promène dans sa chaire qu'il martelle de coups de poings, se tire la barbe, sort de temps en temps un de ses mouchoirs, — il en a dans toutes ses poches, — et est si pressé, si agité qu'il ne prend pas le temps de l'ouvrir et se mouche dans ses doigts.

Par exemple, si on ne le voit pas, on l'entend. Une voix formidable, qui ne s'arrête jamais, qui ne connaît ni points, ni virgules, ni membres de phrases. Il va, il va, sans hésitation, sans arrêt, sans défaillance, sans chercher une seule fois ses termes. J'ai parcouru toute l'église, je me suis assis longtemps, il ne s'est pas arrêté une seconde, il n'a pas même dû respirer. Cet homme-là est un ange ou un diable, mais à coup sûr ce n'est pas un homme comme les autres. Son fougueux sermon, dont je ne saisis malheureusement que des mots sans suite, paraît impressionner fortement de nombreux ecclésiastiques, debout au premier rang. Il est terrifiant et phénoménal.

Enfin, tout à coup, un arrêt brusque, sans que sa voix ait baissé de ton, un signe de croix fulgurant et il disparaît dans la nuit, sous une cagoule sombre qu'un enfant de chœur, caché derrière lui pendant la prédication, lui a jetée sur les épaules et sur la tête.

Je me précipite au pied de l'escalier pour voir de près cet homme étrange, mais il s'est déjà enfermé dans une boîte noire, close de tous côtés, sorte de chaise à porteurs que quatre hommes enlèvent vivement et emportent à la sacristie.

.*.

Je sortais du Dôme sous l'impression de cette scène du moyen-âge, lorsque j'en retrouve une autre dehors : quatre hommes voilés, revêtus de robes noires serrées à la taille par une corde, traînent en courant un petit meuble qui ressemble vaguement à un piano droit. Un cinquième court en avant, portant une longue torche de résine. Ils s'arrêtent sur la place auprès d'un attroupement. Ce sont les compagnons du Mutuel secours qui viennent relever un malade. Le petit meuble a été posé sur le sol ; on y couche le patient, on remet le tout sur les roues et, en un clin-d'œil, les cinq fantômes repartent en courant.

La nuit est venue peu à peu pendant ma promenade ; la foule augmente encore, mais, après le dîner, l'aspect des rues s'est modifié. Il n'y a presque plus de femmes, tandis que les hommes encombrent les places et carrefours, causant entre eux. Ceux-ci sont du pays ; les touristes sont rentrés au gîte. Malgré un bel éclairage électrique, la lecture du *Bœdeker* n'est plus possible, et sans guide, un étranger est un bateau sans boussole. J'imite ce sage exemple et rentre chez moi.

De ma chambre, dans le calme de la nuit, j'entends les cloches de la vieille cathédrale. Oh ! elles n'abusent pas du silence qui les entoure à quatre-vingts mètres dans les airs. Certaines autres cloches, qui veulent racheter leur jeunesse par un incessant babil, pourraient prendre exemple sur elles. Celles du campanile de Giotto ont la gravité triste des très vieilles personnes. Le bourdon, qui sonne lentement les heures, les sonnait déjà pour Dante quand il venait prendre le frais, en rêvant à son immortel poème, sur une pierre qu'on voit encore dans le mur d'une des maisons de la place ; il les sonnait aux Guelfes et aux Gibelins lorsqu'ils prenaient les armes pour aller s'égorger près du Vieux-Pont ; il a sonné la dernière heure de Savonarole lorsque, précipité par une fenêtre du Palais vieux, son corps fut relevé pantelant, placé sur le bûcher et brûlé sur la place de la Seigneurie... Aussi il est très vieux, le pauvre bourdon ; sa voix est cassée, il semble à bout de souffle, mais il doit avoir la vie dure, étant de bronze et Florentin. Et plus d'une de ces belles jeunes filles, aux cheveux blonds ondulés, aux sourcils droits, qui passent, légères, dans la foule, sœurs de celles que les générations admirent aux galeries et aux pinacothèques, iront dormir au Campo-Santo leur dernier sommeil avant que la voix vénérable de la vieille cloche se soit éteinte pour toujours.

VI

Florence. — San Lorenzo

La vie est facile, à Florence, et à la portée de toutes les bourses. L'étudiant ou l'artiste qui sont obligés d'y séjourner — car il faut plusieurs mois d'études à celui qui veut y observer en détail l'évolution splendide de l'art italien — peut facilement trouver un gîte convenable pour 2 francs par jour et une nourriture saine et abondante pour 3 à 4 francs. En prenant pension, il pourrait même abaisser ce tarif ; il n'en aura pas moins une chambre claire et propre, aux murs peints avec, au plafond, des jonchées de fleurs encadrant des balustres, ou des vols d'oiseaux planant dans un léger ciel nuageux. Fresques sans prétention, mais généralement touchées d'une main experte par des ornemanistes de goût.

Mon Dieu, toutes proportions gardées, Laurent-le-Magnifique n'avait pas autre chose, et il avait, probablement, plus mauvais estomac.

Il joue un grand rôle, ici, l'estomac ; il a un rude service à fournir.

Quand on a absorbé toute une matinée du Giotto ou du Ghirlandajo ; quand on s'est endolori les lombes devant Fra Angelico ; chaviré les yeux devant Masaccio, — toujours plus haut — ; rompu le cou vers des coupoles anonymes, et qu'on se trouve, vers midi, installé en face d'un plat de macaroni légèrement safrané, lié par une sauce appétissante de jus de viande et de tomate, et saupoudré de fromage râpé, plat qui suffirait largement chez nous à toute une famille, je vous assure qu'on lui fait honneur et qu'on n'a pas pour principe d'en laisser sur son assiette.

Les premiers jours, encore inexpérimenté, je ne parvenais pas à comprendre comment les italiens peuvent arriver à manger toutes ces pâtes, et toujours avec un nouveau plaisir. Ils s'administrent, à chaque coup de fourchette, une botte de macaroni enroulé qui me rappelait les bottes de foin que nos paysans engrangent au bout de leurs fourches au temps de la fenaison. Pour moi, une pareille quantité me décourageait, je ne pouvais que l'entamer.

Je les observai avec soin, et vis : 1° qu'ils ne prenaient jamais de soupe quand ils prennent du macaroni ; 2° qu'ils le mangent toujours sans pain. Ils en font une sorte de hors-d'œuvre pour s'ouvrir l'appétit. Je fis alors de même et m'en trouvai bien.

Après ce prélude italien, les autres plats sont à peu

près comme les nôtres, sauf que les sauces sont toujours d'un beau jaune d'or et qu'on ne sert pas de viandes saignantes. Mais tout a un goût assez désagréable dû à l'huile rance qui sert à faire la cuisine et auquel il faut un certain temps pour s'habituer. Le vin rouge est apporté dans de vastes bouteilles rondes, entourées de paille et à goulot très fin. Comme elles n'ont pas de base, on les insère dans un récipient métallique à bascule qui permet de les vider dans les verres. On ne boit nulle part de vin blanc ; pour en avoir, comme dans le midi de la France d'ailleurs, il faut de hautes protections, qu'on trouve généralement dans son porte-monnaie.

Je n'ai pas la prétention d'imposer à mes lecteurs une description de Florence ; il faudrait le talent d'un Chateaubriand, et il faudrait aussi faire un gros livre. Je dirai simplement que l'aspect en est agréable dès le premier coup d'œil ; qu'au bout de peu d'instants l'esprit est stupéfié par tous ces palais de la Renaissance qu'on rencontre presque dans chaque rue ; qu'on trouve des églises, des musées et des galeries, des statues antiques et Renaissance un peu partout ; des bas-reliefs, des colonnes, des bronzes, des souvenirs historiques à chaque pas.

Un réseau de rues centrales, relativement larges et excessivement animées, remplies de superbes magasins, sont reliées entre elles par des ruelles étroites. Les maisons sont peintes habituellement à l'ocre jaune ; les persiennes, à tabatières comme dans toutes les villes de l'Italie, sont toujours peintes en vert clair.

Les palais, de style Toscan, cela va sans dire, sont de formes massives, rectangulaires, à façades nues et fort élevées, avec seulement quelques fenêtres percées très haut, dans l'énorme épaisseur des murailles, et une petite porte sur la façade principale, mais rarement au milieu. Les toits plats, à poutrelles apparentes, avancent en saillie sur la rue.

Ces palais, construits jusqu'au premier étage en blocs massifs, étaient surtout des forteresses ; on y évitait le trop grand nombre d'ouvertures et placées bas. Tout le luxe résidait à l'intérieur. Les voûtes des salles sont toujours richement peintes, les murs couverts de tableaux ou de précieuses décorations, les parquets en marqueterie.

C'est dans ces palais, aussi bien que dans les églises, que l'activité débordante de quelques douzaines d'artistes de génie s'est exercée, surtout aux XVe et XVIe siècles.

Les princes qui étaient propriétaires de ces demeures jouissaient de fortunes que leur bon plaisir seul limitait. Ils aimaient les belles productions de l'art, quelle que fût la matière en laquelle elles se manifestaient. Ils recherchaient les artistes, leur laissaient le champ libre, les payaient largement, et ceux-ci, encouragés, puissamment soutenus, donnaient libre cours à leurs rêves. De cette association de la fortune et du talent sont nées des œuvres immortelles qui, depuis près de cinq siècles, ravissent les générations, servent de guides dans toutes les productions élevées de la pensée et font même sentir leur influence jusqu'aux industries les plus vulgaires.

Le musée des Offices, la galerie du palais Pitti, le Palais Vieux et le Musée National, les églises Sainte-Croix, Saint-Laurent, Saint-Marc, etc... sont, avant toutes choses, les lieux de pèlerinage des foules.

Pour donner une faible idée de l'importance artistique et même « marchande » des attractions qui pullulent à Florence, je ne citerai que la chapelle de l'église San Lorenzo, où sont réunies les tombes de quelques-uns des Médicis.

Cette grande chapelle, de forme octogonale, est recouverte d'un dôme peint seulement en 1828, représentant la Création, la Chute de l'Homme, la Mort d'Abel, le Sacrifice de Noë, etc, par Benvenuti. Elle est entièrement construite en marbres et onyx rares et a coûté vingt-deux millions, somme qui en ferait plus de quarante aujourd'hui, fournis d'ailleurs par la famille même.

Elle affecte un peu la disposition de la crypte de l'Escurial, où sont enterrés les souverains Espagnols, mais elle est moins sombre et moins lugubre.

Sur chaque face de l'octogone se voit un sarcophage grandiose, contenant les restes d'un des grands-ducs de la maison de Médicis. Les gardes ne manquent pas de vous faire observer les échos, le poli des parois, qui reflètent comme des glaces... Mais on a hâte de passer dans la salle suivante, construite vers 1525, pour servir de pendant à la précédente.

Quelque grandiose et riche que soit, en effet, celle-ci, la Nouvelle sacristie est plus célèbre encore et surtout plus chère aux artistes. Ils n'en franchissent jamais le seuil sans une profonde émotion. La chapelle des Médicis pourrait, à la rigueur, se refaire, avec assez de millions, identique à elle-même, mais si la petite sacristie de San Lorenzo venait à disparaître, aucun pouvoir humain ne pourrait y replacer sur leurs socles de marbre les chefs-d'œuvre qui s'y trouvent actuellement : d'un côté la Nuit et le Jour, de l'autre l'Aurore et le Crépuscule, de Michel-Ange.

De ces allégories tourmentées et douloureuses, seules les deux figures de femmes, la Nuit et l'Aurore, sont terminées. Michel-Ange abandonna ensuite son œuvre ; le Jour et le Crépuscule ne sont qu'à l'état d'ébauches très avancées.

Ces quatre figures décorent les sarcophages de Julien et Laurent de Médicis. Au-dessus d'elles, sont les statues assises des deux princes : Julien en général des états de l'Église, le bâton de commandement à la main ; Laurent dans une pose méditative. Cette dernière statue, aussi vulgarisée que les figures allégoriques qu'elle domine, est connue sous le nom de *il Pensiero*.

A l'époque où Michel-Ange travaillait à ce chef-d'œuvre, Florence fut prise par Charles-Quint. Il la donna à Alexandre de Médicis ; celui-ci détruisit peu à peu toutes les anciennes libertés de la ville qui était, au même moment, ravagée par la peste. L'artiste, profondément découragé par la ruine de sa patrie, en butte à la haine d'Alexandre, craignant pour lui-même les pires événements, quitta brusquement la ville, laissant toutes ses œuvres inachevées.

La sacristie elle-même et les deux autels qui s'y trouvent, sont aussi son œuvre. Il devait la décorer tout entière de sa main, y placer des monuments grandioses en l'honneur des premiers Médicis ; les événements en décidèrent autrement.

A un de ses contemporains, qui lui avait adressé ce quatrin au sujet de la Nuit :

> Tu vois ici doucement sommeiller
> La nuit qu'un Ange en la pierre a formée ;
> Puisqu'elle dort, c'est qu'elle est animée ;
> N'en doute pas, tu n'as qu'à l'éveiller.

Michel-Ange répondit en faisant allusion à la tyrannie dont souffrait son pays :

> J'aime à dormir, je ne regrette pas
> D'être de pierre ; en ces jours d'injustice,
> Voir et sentir serait un vrai supplice :
> Epargne-moi, de grâce, parle bas !

Ces quatre figures sont donc de véritables sphinx qui cachent sous leur sourire mystérieux et vivant une énigme qui n'a jamais été complètement dévoilée...

Dormez toujours, belle Nuit blonde, Nuit de marbre; si vous sortiez de votre long sommeil, vous trouveriez encore sur cette terre des pays vivant sous l'oppression et l'injustice, et vous refermeriez vos yeux las...

VII

Florence. — Une journée de peinture Les Ufizzi et le palais Pitti

Ne pouvant entreprendre en détail la description de Florence, j'ai pris au hasard un de ses joyaux, l'église de San Lorenzo, pour montrer au lecteur la haute valeur des choses qu'on vient admirer ici de tous les points du monde. J'aurais pu en choisir vingt autres, il n'y a que l'embarras du choix. Choix qui n'est pas un instant monotone, car chaque œuvre a sa personnalité propre et peut se suffire à elle-même.

Les grands artistes de la renaissance ont donné leur génie aux églises, et les églises, reconnaissantes, abritent leurs cendres ; les princes qui ont gouverné Florence ont fondé des couvents et des églises, et les couvents, les églises sont devenus les phares qui ont guidé les arts ; les sanctuaires où le culte du beau s'est formé sous l'égide du culte divin.

J'aurais pu parler aussi bien des palais et de leurs magnifiques salles, de leurs galeries incomparables ; des églises et de leurs richesses ; de Sainte-Marie Nouvelle et des fresques du Ghirlandajo ; de l'Annunziata et des fresques d'Andréa del Sarto ; de Saint-Marc et de son cloître, rempli des productions virginales de Fra Angelico et du souvenir de Savonarole, dont la cellule garde encore ses objets familiers comme s'il l'avait quittée d'hier ; j'aurais pu choisir également N. D. del Carmine, Sainte-Croix, S. Spirito.... les galeries municipales, les collections particulières.... Toutes les curiosités de Florence se valent suivant le point de vue auquel on se place.

Nous quitterons à regret cette ville si intéressante après un coup d'œil sur ses deux principaux musées,

.·.

Les Offices se composent de deux longues galeries parallèles reliées entre elles à une de leurs extrémités par une galerie plus courte. Le développement total de ces corridors, où s'ouvrent les portes des salles affectées à la peinture, est de quatre cent quarante huit mètres. Les corridors sont particulièrement réservés aux fresques enlevées à leurs lieux d'origine, aux dessins et à la sculpture.

Tout est si bien disposé qu'un catalogue est absolument inutile. Chaque tableau porte les indications nécessaires : sujet, nom d'auteur, date, école, etc. Que ne fait-on de même au Louvre !

La lumière y est parfaite ; les œuvres sont isolées les unes des autres — disposition qui fatigue beaucoup moins les yeux du visiteur — dans un état de conservation qu'on ne retrouve nulle part ailleurs et qui est probablement due à ce qu'elles n'ont, pour ainsi dire, jamais été déplacées. Les copistes sont très nombreux et fort bien traités, car ils ont la permission de faire descendre à côté d'eux le tableau qu'ils veulent reproduire.

Les immenses corridors parallèles aux salles, aux voûtes peintes d'un bout à l'autre de motifs d'ornementation indéfiniment variés, renferment les marbres et bronzes de l'antiquité et de la Renaissance. C'est là qu'on trouve la vénus de Médicis, l'Enfant s'arrachant une épine, le Rémouleur, les Lutteurs, les différents personnages du groupe de Niobé, une copie marbre du Laocoon, etc. Toutes ces œuvres sont malheureusement loin d'être intactes et l'on a poussé quelquefois jusqu'aux limites de la fantaisie l'art de la restauration. J'ai vu, notamment, un simple fragment d'épaule, antique, auquel on a mis un cou et une tête modernes. C'est le procédé de Cuvier appliqué à la statuaire, ou l'art d'accommoder les restes de Brillat Savarin. Deux petites têtes de romains,

en porphyre rouge, auxquelles les nez manquaient,
— avez-vous remarqué que les nez manquent toujours ? il doit y en avoir une jolie collection quelque part, sous terre, — ont été complétées par des nez en marbre blanc, ce qui fait à ces romains des têtes bien amusantes. Mais ici, je dois ajouter que la réparation elle-même provient de l'antiquité. Les Italiens n'auraient pas eu cette naïveté archaïque.

.*.

Aux salles de peintures, il n'y a pas de ces défaillances, et nous allons retrouver là des modèles qui courent le monde, indéfiniment reproduits : Les deux études de femmes, du Titien, Vénus et Flora, types de beautés accomplies ; le Jules II, de Raphaël, dont il fit deux autres copies et sa Vierge au chardonneret ; une Sainte Famille, de Michel-Ange, le seul tableau de chevalet que l'Italie ait de lui ; des Tintoret, des Carrache, des Giorgione, des Boticelli comme seule l'Italie peut en montrer ; un groupe de la Vierge et deux saints, d'Andréa del Sarto, chef-d'œuvre d'un moelleux admirable ; la Calomnie, de Boticelli ; des Sustermann comme on n'en voit nulle part ; une adorable Vierge du Corrège...

A propos de ce dernier, je n'ai jamais pu comprendre, dans mon ignorance, que le Corrège soit, par un usage constant, classé parmi les peintres de second ordre, alors que dans chaque galerie on rencontre régulièrement au moins une de ses œuvres qui est un tour de force et qui écrase toutes celles qui l'environnent. A la Tribune des Offices j'ai également trouvé le « tour de force » et je me suis longuement réchauffé au soleil de ce génie fascinateur. Le tableau n'est pas compliqué :

La Vierge, toute jeune, a posé par terre, en face d'elle, le Bambino pour jouer avec lui, et voilà que le geste plaisant qu'elle vient d'ébaucher pour le faire sourire se fond en un geste d'adoration. Et c'est tout.

Cela est tombé du ciel dans la pensée de l'artiste ; c'est pétri de lumière et frais comme si c'était d'hier.

On se sent devenir *kleptomane* devant cette merveille. On voudrait l'avoir devant soi toujours. Si je ne m'étais pas senti surveillé, je l'aurais emportée.

. .

En face des *Ufizzi*, mais de l'autre côté de l'Arno, se trouve la galerie Pitti, dans le palais du même nom. Ce palais, qui a 107 mètres de long et 34 mètres de haut, est construit, jusqu'au premier étage, en blocs de rochers non équarris qui semblent entassés pour la demeure d'un géant. Ce sont de vrais murs cyclopéens d'un effet saisissant. A l'intérieur, les salles sont d'une magnificence qui ne saurait être surpassée. Tout ce qui n'est pas peint est ciselé dans le bois ou le marbre et plaqué d'or ; et comme ces salles sont remplies de chefs-d'œuvre de la peinture, on peut dire qu'au-dessus d'elles il n'y a plus rien.

La galerie est surtout riche en œuvres du Titien, Raphaël, A. del Sarto et du Pérugin, mais il ne manque pas de toiles de premier ordre, — elles le sont toutes, — signées Rembrandt, Van Dyck, Rubens et même Murillo et Velasquez, pour ne citer que des noms connus de tout le monde. Rubens, qui a si souvent bâclé de grandes « machines » au point de faire douter de lui par ceux qui n'auraient pas vu autre chose, montre ici que, quand il a voulu soigner son travail, il s'est élevé, comme en se jouant, au niveau des plus grands. Rembrandt est représenté surtout par un admirable portrait de lui-même, un de ces portraits clairs, lumineux, si rares chez ce maître dont les œuvres ont souvent tourné au « caviar ». Van Dyck n'a jamais surpassé ses portraits de Charles Ier et d'Henriette de France, réunis dans un même cadre, salle de Saturne. F. Lippi a une vierge entourée de saints qui est un tour de force pour son époque et qui a dû avoir une influence considérable sur le style de ses successeurs. A del Sarto brille, comme aux Offices, par sa lumière diffuse, son coloris profond et doux. Le Titien a quelques beaux portraits d'hommes, notamment celui de l'Arétin que le fameux pamphlétaire appelait lui-même une « affreuse merveille » ; des portraits de femmes toujours charmants, tel celui de *la Bella*, et un mariage mystique comme il les comprenait : Ste-Catherine se jette sur le Bambino, l'entoure de ses deux bras et l'embrasse éperdûment.

Mais l'astre qui illumine à lui seul la galerie Pitti est le divin Raphaël, « âme élue et bienheureuse » (*Vasari*). Il y a là, dans chaque salle, des œuvres dont une seule ferait la gloire d'un grand musée : la Vierge dite du Grand-Duc « peinte d'une touche légère, d'un modelé d'une finesse exquise, beauté encore à demi voilée qui, un peu honteuse, ose à peine lever les yeux et se réjouir à la vue de son enfant » (*Springer*). Il y a la vision d'Ezéchiel, qui rappelle le faire de Michel-Ange ; le portrait de Jules II dont le double est aux Offices et le portrait de Léon X entouré de deux cardinaux, étude de quatre rouges différents d'une habileté consommée ; il y a plusieurs portraits de femmes, parmi lesquels la *Fornarina*, d'un style inouï, qui montrent ce que sont les portraits de Raphaël lorsqu'ils appartiennent à sa grande manière, celle de Rome, alors que l'artiste, en pleine maturité, était arrivé à l'apogée de ses moyens et de sa gloire ; il y a enfin la Vierge à la chaise, « profane si l'on veut mais d'un effet irrésistible par sa beauté parfaite et l'expression de bonheur maternel le plus intime... Il n'y a pas de tableau de Raphaël qu'on aime autant, il n'y a pas d'œuvre moderne aussi connue que cette Vierge ». (Spr.)

L. Viardot, visitant l'Italie en compagnie d'un autre critique, écrit à ce sujet : « Nous étions depuis longtemps penchés sur cette peinture, que nous dévorions du regard, et quand enfin nous détournâmes la tête pour nous interroger sur nos sensations, nous avions tous les deux les yeux inondés de larmes. »

Dire que j'ai été jusqu'à « l'inondation » serait exagéré, mais j'ai été évidemment très heureux d'avoir pu contempler le plus pur type de beauté qui soit sorti de la pensée et de la main d'un homme.

.•.

Les artistes italiens allaient chercher leurs modèles habituellement dans le peuple ; le peuple étant dans la rue le dimanche, la rue devient une annexe des musées.

On rencontre peu de types populaires en semaine, mais le dimanche dans certaines rues, il devient difficile de circuler. La *via Calzaioli* est le centre de l'élégance et de la ville ; on sort de la cathédrale ou l'on y va ; on flâne sur les trottoirs, on se masse aux coins des rues, on regarde les toilettes et l'on est regardé. Sur la chaussée, un enchevêtrement indescriptible de tous les véhicules connus. Des groupes de jeunes officiers, propres comme des sous neufs, lorgnent les élégantes sur la place du Dôme. C'est l'unique moment où les fameuses portes du Baptistère ne voient que des dos.

Là, il y a peu à glaner en somme. Modes de Paris, types de partout. Mais l'après-midi, une flânerie dans la *via Romana* qui reçoit tout le populaire du centre de la ville pour le répandre dans la banlieue, vers la belle avenue des Colli, vaut une promenade aux Offices. A chaque instant, on éprouve un léger choc à la rencontre d'une figure aimée, d'une personne de connaissance :

Dans cette jeune femme pâle au profil de camée, au maintien grave et réservé, je reconnais soudain une vierge de Luini. Celle-ci, au front étroit, aux grands yeux étonnés, au visage d'un ovale si pur, qui laisse derrière elle une senteur d'iris, c'est la *Flora* du Titien. Et cette autre, aux yeux bruns, qui s'allongent en un sourire énigmatique, c'est ma plus ancienne connaissance, c'est la *Joconde* ! d'une amitié si fidèle mais si longue à obtenir. Voilà la *Nuit*, du Buonarotti, je reconnais son nez légèrement busqué, qui continue la ligne du front, et l'ovale effilé de son menton faunesque. Mais effaçons-nous ! Il faut tout le trottoir à cette beauté blonde et grasse ; il est fâcheux qu'un coup de vent ne dénoue pas sa chevelure qu'elle rassemblerait de sa main potelée. A sa toilette, vous la prendriez pour une femme de chambre ! Détrompez-vous, c'est la duchesse Eléonore d'Urbain qui a ses portraits en bonne place : Tribune des Offices et Salon carré du Louvre.

Et toutes ces fillettes, blondes ou brunes, aux épaules délicates, aux figures suaves, aux petits nez si finement modelés ?... C'est toute la bande de Fra Angelico qui a quitté ses fonds d'or, ses couronnements, ses annonciations, ses gloires, pour courir joyeuses au *Vialle Colli* parce qu'il est Dimanche.

Mais ce vieux bonhomme qui s'avance lentement, avec ses yeux profonds, son bec d'aigle et son menton en galoche, vous le connaissez tous, je pense, sans que j'aie besoin de lui ajouter les oreillettes ?...

Cette promenade qui me ramène en ville à l'heure où tout le monde en sort est exquise et suggestive ; je m'avance vers des dômes, des tours, des créneaux, des campanile... vers des figures déjà vues qui me font vivre une heure dans les siècles passés...

VIII

Bologne. — Padoue

Au départ de Florence, la foule est compacte. Il faut se battre pour obtenir une place dans le train qui, venant de Rome, file sur Bologne et ne stationne ici qu'un quart d'heure.

Se battre... passe encore quand, en même temps, il est possible d'échanger de longues invectives, comme les héros d'Homère, mais ici personne ne se comprend. Sur trois cents voyageurs qui partent, il n'y en a pas trente d'Italiens, pas dix de Français. Et alors, on a plus vite fait de se taire... sans murmurer.

J'arrive péniblement — c'est un de ces incommodes wagons à couloir où il n'y a qu'une porte à chaque bout — dans un compartiment où cinq voyageurs disparaissent sous des montagnes de bagages. Immédiatement, deux vieilles *ladies* me font signe que tout est pris. J'attends une minute, puis comprenant que tout est pris par les colis de ces dames — on m'avait déjà fait le coup — j'expédie deux ou trois de ces colis, grande vitesse, dans les filets et je m'installe.

Pendant ce temps, le mari d'une des anglaises s'épuise à crier par la fenêtre : « Fachino !... Fachino ! » En Italie, on crie : fachino ! quand on désire les services d'un homme d'équipe et, comme on n'a guère que des bagages à main, tout le monde crie : fachino ! l'anglais sur un ton pleurard, l'allemand sur un ton de commandement, l'américain d'un air ironique, le français avec respect. Mais tous les fachini sont retenus par les voyageurs ; le train va s'ébranler et notre *gentleman* crie de plus belle : fachino !... fachino !...

Enfin une casquette galonnée se montre sur le quai et alors l'anglais : « Fachino *vo* allez aider *moa* à em-

porter nos *béguèdges*, nous descendons ici. Restez sur le *piano* (1) et je les fais passer à *vo* par la fenêtre. »

Maudits anglais ! Ils ne partent pas, ils arrivent ! C'était bien la peine de me dire que tout était pris ! C'était bien la peine de retenir trois places jusqu'au dernier moment alors qu'on s'écrase de tous côtés pour en trouver une ! Je n'ai jamais autant regretté de ne pas savoir l'anglais. Vieux *roastbeef* va !...

Heureusement, le train, qui s'est mis en marche est entré presque tout de suite dans un pays magnifique. Il n'y a pas d'irritation qui puisse tenir devant la plaine toscane lorsque tout est en fleurs, lorsque la vue traversant sans effort l'espace ambré par la lumière se repose sur une gamme de tons qui va du vert tendre des premiers plans jusqu'aux mauves des lointains et aux masses irisées des horizons.

La voie s'élève peu à peu, les vallées se resserrent, les tunnels deviennent nombreux et partout, à droite, à gauche de la ligne se montrent de riants villages pelotonnés sur les croupes, blottis au flanc des rochers ou mollement étalés dans de fertiles vallées.

Le train court dans des gorges de plus en plus sauvages ; nous sommes en pleine montagne ; bientôt la voie traverse la ligne de partage des eaux de la Méditerrannée et de l'Adriatique par un tunnel de près de trois kilomètres et, de l'autre côté, la descente commence. Deux majestueux pics montrent encore leurs sommets neigeux, puis apparaît le *Reno* qui se précipite vers l'Adriatique et que nous allons suivre constamment jusqu'à Bologne.

*
* *

Un voyage en Italie a ceci d'agréable que les curiosités ne se répètent pas. Chaque ville a ses attractions qui lui sont propres et qui n'ont rien de commun avec celles de la ville d'en face.

---

(1) Sur le sol.

A Florence, les belles chevelures ondulées triomphaient en liberté ; à Bologne, les femmes portent un foulard sur la tête. C'est presque la mantille espagnole, mais plus épaisse et plus simplement arrangée sur la nuque. Cette coiffure, qui encadre à ravir leur visage, les fait ressembler à distance à des statuettes de Tanagra.

Elles vont d'une allure souple, battant la cadence de leur pas avec leurs babouches aux semelles de bois. Les jolis types abondent. A Gênes, on pouvait compter les beautés ; à Florence, elles formaient une honorable moyenne ; ici on peut compter les laides. Les figures ont une régularité, une douceur qui évoquent plutôt la grâce que la force, mais dont la fréquence fait de Bologne un centre privilégié au point de vue esthétique.

La même observation pourrait s'appliquer à l'aspect général de la ville : moins de palais, moins de monuments pompeux que dans la capitale toscane, mais des curiosités, des coins, des « vieilleries » charmantes presque à chaque maison.

D'abord, je conseillerais aux touristes qui seraient surpris par le mauvais temps en Italie de se rabattre sur Bologne. Ils pourront s'y promener sans parapluie. Toutes les rues sont bordées d'arcades et ces milliers de colonnes, d'époques et de formes différentes, constituent à elles seules une curiosité de premier ordre. Les maisons ont de majestueuses cours intérieures, disposées en logias, entourées d'arcades massives, avec, au centre, un puits ou une fontaine aux margelles ouvragées.

Bologne possède aussi deux tours penchées dont on parle moins que de celle de Pise parce qu'elles n'ont rien d'artistique, mais dont l'une, haute de 49^m, penche au point qu'elle est effrayante à voir. On hésite presque à passer dessous et cependant elle est ainsi depuis près de mille ans, puisqu'elle fut construite — penchée — en 1010.

Enfin, on admire ici, avec l'admirable tombeau de Saint-Dominique, dans la cathédrale, un des plus précieux monuments de toute l'Italie du Nord : l'église San Stéfano, qui est formée de sept églises enchevêtrées les unes dans les autres, d'une antiquité vénérable.

La plus ancienne de ces églises, nommée le Saint-Sépulcre, est antérieure à l'an mille. Elle a la forme d'une rotonde; la coupole, de briques, est supportée par sept colonnes antiques accouplées d'autant de colonnes de briques ajoutées plus tard. Derrière cette rotonde sont deux petits cloîtres, remplis de pierres tombales aux inscriptions effacées, qui sont bien ce que j'ai vu de plus archaïque en ce genre. Au milieu de l'un d'eux est une cuve pour les baptêmes avec légende de l'an 744. Enfin dans une autre basilique attenante, de style lombardo-roman, se voient, de chaque côté d'un autel des plus primitifs, les sarcophages, pauvrement ornés de sculptures à demi païennes, de saint Vital et de saint Agricola, tous les deux du IXe siècle.

L'effet que produit ce vieux sanctuaire est impressionnant; on se sent là oppressé par les siècles et comme attiré par eux. On oublie qu'à quelques mètres derrière ces sombres murailles passent des tramways électriques, crient des marchands de cartes postales, brille un gai soleil de printemps.

.·.

Padoue n'est qu'à trois heures de Bologne; on s'y arrête surtout pour Saint Antoine et pour Giotto.

Le Saint, comme on dit ici, a une basilique de style gothique et bysantin dont le mélange n'a rien produit de bien remarquable. De plus, l'église, blanchie à la chaux, attend encore ses fresques et ses mosaïques. Mais la chapelle particulière du Saint, qui occupe tout le transept de gauche, possède par contre quelques œuvres de toute beauté : Neuf hauts-reliefs en marbre du XVIe siècle, représentant des scènes de la vie de Saint Antoine, entourent tout l'hémicyle. L'autel, orné de tableaux votifs, renferme le corps du Saint, et deux immenses candélabres supportés par des anges en marbre se dressent à l'entrée de la chapelle, fermée par une belle grille en bronze massif, de Donatello.

Les fidèles passent derrière l'autel et prient en appuyant leurs mains contre la pierre du sarcophage, mais, sauf pendant trois jours du mois de juin, où il vient parait-il beaucoup de monde, ils ne sont pas nombreux en temps habituel. Le culte de Saint Antoine parait beaucoup plus vivace en France qu'à Padoue, prouvant une fois de plus que nul n'est prophète en son pays.

Giotto a son œuvre capitale dans la petite église *dell Arena* construite en 1303 sur les ruines d'un amphithéâtre romain. Les murs de ce sanctuaire sont entièrement couverts de fresques de lui ou de ses élèves et la plupart sont assez bien conservées. Giotto a choisi pour sujet l'histoire de la Vierge, de sa naissance à sa mort, et l'histoire de la passion de Jésus-Christ. Quelques-unes de ces compositions sont saisissantes de grandeur et de vérité. « La grâce, le mouvement, l'émotion qu'elles renferment reflètent déjà l'aurore d'où surgira bientôt le glorieux soleil de la Renaissance. » (*Jousset*).

La pureté du type italien parait encore en progrès à Padoue. Il semble qu'à mesure qu'on avance vers l'Est la beauté féminine s'accentue graduellement. Que sera-ce à Venise ?

En tramway, il me fut donné de faire à ce sujet, par pur hasard, une comparaison suggestive :

Je me trouvais en face d'une très belle allemande, vrai modèle de Germania à mettre sur les pièces de monnaie. Voile bleu, cheveux blonds, grands yeux clairs, teint de rose, nez, bouche, ovale de figure de lignes fermes et pures. Une italienne, belle aussi, vint s'assoir à côté de l'allemande et... la pauvre Germania n'exista plus. Les grands yeux clairs parurent s'éteindre devant les grands yeux de flamme ; le teint de rose prit un air de crème fouettée devant la chaleur pourprée de l'italienne ; les lignes fermes et pures devinrent banales devant le haut style des autres qu'environnaient tout un cortège de souvenirs classiques.

La beauté froide était vaincue par la beauté expressive!

IX

Venise. — La place Saint-Marc

> La ville flotte au loin, immense gemme éclose
> Au ras des flots nacrés d'un soir d'apothéose,
> Venise, perle blonde, ô fabuleux décor!
>
> (J. LORRAIN).

Possible les « soirs d'apothéose », mais le soir où j'y arrivai, il n'y en avait pas de commandée.

Il faisait un orage affreux, une pluie diluvienne; éclairs en gerbes, en branches, en tulipes, coups de tonnerre à faire fuir le lion de Saint-Marc, la queue entre les jambes.

Quand on sort d'une gare, de toutes les gares, on est habitué à trouver devant soi une cour, avec des omnibus, des voitures, d'antiques diligences même et des commissionnaires. A Venise, on ne trouve qu'un large escalier, et cet escalier descend tout droit dans la mer. En bas, l'Adriatique clapote, comme pour vous inviter à prendre place dans une des fines gondoles noires qui se pressent là tout exprès pour vous.

Le joli moment, en vérité, par ce temps de chien, pour s'offrir sa première promenade en gondole! Mais il n'y avait pas à barguigner : il fallait aller sur l'eau ou coucher à la gare. Je préférai monter dans le petit bateau qu'un *fachino* prévenant me retenait à la rive d'un bout de son crochet.

Les autres voyageurs, d'ailleurs, avaient fait de même; les malles étaient également arrimées; toute l'escadrille s'ébranla bientôt pour s'engouffrer un peu plus loin dans un petit canal latéral qui s'ouvrait dans le grand, et alors commença une procession inénarrable, toutes ces gondoles se suivant à la queue leu leu sous la pluie, avançant péniblement dans cette étroite sente liquide, tanguant, roulant et gémissant sous les coups de godille. On eût dit une colonie de pingouins mouillés regagnant leurs pénates.

Les voyageurs, les voyageuses surtout, qui n'avaient pas encore vu ça, avaient des mines rien moins que rassurées; cependant tout le monde riait. On sentait que chacun se faisait à ce moment la même réflexion : « Quel drôle de pays et quelle drôle d'idée ont eue les gens qui sont venus se bâtir ici ! »

De tous côtés des canaux qui se croisent, s'enchevêtrent et des maisons qui descendent droit dans l'eau verte, sans un petit jardin, sans un trottoir, sans le plus mince rebord même. C'est bien joli, la marine, mais il semble, à première vue, qu'ici il y en ait trop.

A chaque tournant, les gondoliers poussent un cri spécial pour ne pas se jeter sur un confrère venant en sens inverse. Et chaque fois je me retiens pour ne pas répondre à la cantonade : Ohé ! Ohé !

Peu à peu, la file des gondoles s'est rompue en route; elles se sont disséminées et, tel Marino Faliéri, je vogue solitaire vers mon palais, car les hôtels occupent ici les anciens palais de la bonne époque.

Bientôt, nous sommes arrivés. Un petit perron où se tient un laquais galonné. Ma gondole me dépose avec mes bagages et s'éloigne. Il fait nuit maintenant, l'orage s'est dissipé, mais la situation n'en est pas plus gaie. Mon premier sentiment est que me voilà prisonnier là-dedans ; que mes moindres déplacements sont à la merci de ces archaïques gondoles.

Je ne me sentais pas du tout Vénitien, à cette heure, ni aucune envie de le devenir.

Heureusement, je n'avais encore vu qu'une face de la belle médaille qu'est Venise, et cette face même devait totalement changer d'aspect à mes yeux, le lendemain, quand elle s'offrirait en pleine lumière. L'autre côté de la médaille est celui des rues et des ruelles qui relient, en un enchevêtrement de labyrinthe, les canaux et les ponts. Ces rues sont bien étroites, car à l'exception de quatre ou cinq, elles n'ont pas plus de un à deux mètres de large, mais elles permettent cependant de parcourir de grands espaces dans la ville sans avoir recours aux bateaux.

Les canaux servent pour les transports; les rues pour le dégagement des maisons ou pour la promenade. On ne voit pas un seul véhicule roulant. Pas une seule voiture, pas une voiturette de livraison, pas même de voitures d'enfants. Toutes sont inutilisables à cause des ponts qu'on rencontre à chaque pas sur les canaux et qui sont en dos d'âne avec escaliers. Un vénitien qui ne serait jamais sorti de la ville, et il doit certainement y en avoir, au moins dans le peuple ou parmi les mendiants, n'a donc jamais vu de cheval. La conséquence de ce fait que Venise n'a pas de voitures et qu'elle est entourée d'eau, est qu'il n'y a ni bruit ni poussière. On y dort mieux que partout ailleurs et les affections des bronches y sont très rares, malgré l'humidité inévitable à certaines époques de l'année.

Si le mouvement carrossable y est inconnu, la circulation des piétons et des bateaux y est considérable.

Après dîner, le temps étant redevenu beau, je m'empresse de gagner, par une ruelle déserte derrière l'hôtel, la place Saint-Marc toute proche. Le changement est aussi subit qu'au théâtre, quand les trois portants du décor disparaissent à la fois, tirés par des cordes.

La rue débouche brusquement au coin d'une place rectangulaire, dont trois côtés sont entourés de palais Renaissance en marbre blanc noirci çà et là par le temps, et le quatrième côté, en face, est fermé par la cathédrale romano-bysantine de Saint-Marc, qui élève dans les airs ses croix, ses statues et ses cinq coupoles.

La lune, laissant l'église dans l'ombre, éclaire les marbres et blanchit la place qui paraît ceinte de dentelle. L'effet est prodigieux, unique ; en plein jour, on ne le retrouve plus.

Une foule animée circule sur la place dallée de trachyte et de marbre ; c'est l'heure où le vénitien vient flâner, lire les journaux et causer. Les cafés laissent déborder leurs terrasses ; une musique militaire joue. Les jeunes filles, enveloppées du grand châle noir à longues franges, se promènent par bandes, tête nue, leurs beaux cheveux blonds ou châtains relevés en forme de casque. Les petites bourgeoises portent fréquemment la mantille noire à l'espagnole ; les élégantes, d'immenses chapeaux à fleurs qui accentuent encore le bistre de leur teint. Un peu plus tôt on verrait aussi d'opulentes nourrices au buste carré, au cou très court s'évasant aux épaules, colorées comme des Titiens, la tête entourée d'un madras de soie multicolore avec huit grandes épingles à boule d'argent disposées en soleil autour de la nuque. Elles portent et dorlottent les descendants des anciens conseillers, des anciens sénateurs, petits doges en miniatures, Foscaris de l'avenir. Mais si l'un d'eux arrive à son tour à la première magistrature de la cité, il n'aura plus le prestige que donnaient les somptueux costumes de l'aristocratique république ; il n'aura plus la lourde robe de brocard et d'or, le petit bonnet pointu constellé de gemmes...

Sous les arcades qui entourent la place tourne indéfiniment la foule cosmopolite. Les plus beaux magasins de la ville, éclairés *à giorno*, étalent là toutes leurs séductions : marbres de Gênes et de Carrare, dentelles de Burano et de Venise, cuirs et miniatures de Florence, cristaux de Murano, filigranes, reproductions de musées, aquarelles éclatantes des artistes locaux, photographies des monuments...

Les touristes achètent, les marchands suggestionnent, les guides cajolent, les gamins, hardis et gouailleurs, clament à pleine voix des fragments de *Rigoletto*.

A mesure que s'avancent les heures, la ville des Doges prend cet aspect mystérieux, cette teinte diaphane qui enchantera toujours les peintres et les poètes. La nuit est devenue bleue.

Lentement, la lune est descendue vers l'Ouest, elle vient blanchir la façade vétuste de Saint-Marc, met un reflet aux croupes dorées des chevaux de Néron, une flamme aux lances altières de l'ancienne république. Et les mille pigeons blottis dans les sculptures de la vieille église, trompés par cette clarté, se retournent, roucoulent une ou deux fois et se rendorment.

X

Venise. — Saint-Marc et le Palais des Doges

Venise, malgré ses guerres et ses révolutions, a pu garder intacts la plupart de ses monuments. Nous voyons aujourd'hui la place St-Marc et la *piazzetta* telles que les virent au XVe siècle les Foscari et les Moro. Sauf le campanile, écroulé il y a quelques années, tout le reste est intact et semble prêt à servir encore. Ce petit piédestal de porphyre, sur lequel j'appuie mon journal, servait déjà en 1424 au héros pour signifier de là au peuple les lois nouvellement édictées ; ces deux pilastres de marbre, érigés en face de l'entrée du palais Ducal ; ce bas-relief assyrien, maçonné dans le mur de la cathédrale, ces deux colonnes rouges intercalées dans la rangée de colonnes blanches du palais, d'où le crieur public annonçait à la foule les condamnations à mort et la date des exécutions, tous ces objets sont restés là, à la place même qu'ils occupaient il y a plusieurs siècles, et la preuve en est qu'ils sont déjà reproduits, tels que nous les voyons, dans les grands tableaux panoramiques de Bonifacio, datés de 1540.

Les choses du passé l'évoquent avec plus de force lorsqu'elles sont restées aux endroits où elles jouèrent leur rôle et pour le touriste comme pour l'archéologue leur charme suggestif s'en trouve considérablement augmenté !

La grande colonne de granit, qui porte le lion de bronze, est là, face à la mer, depuis 1180. Celle qui lui fait face est plus jeune : elle n'a que 576 ans. C'est entre ces deux colonnes que pendant des siècles tant de malheureux, condamnés politiques ou malfaiteurs, furent exécutés. Au sortir de cachots humides et noirs comme des tombes, il leur fallait dire adieu à la vie sur cette *piazzetta* inondée de lumière, devant ces palais de marbre et cette mer joyeuse et bleue, source de vie !

*

Saint-Marc ! Le palais des Doges ! Deux monuments qui auraient quelque chose à raconter si les pierres pouvaient parler. Dans leurs vastes flancs s'est élaborée lentement l'histoire tantôt sombre et sinistre, tantôt glorieuse de la cité des lagunes !

Saint-Marc est de beaucoup l'aîné des deux monuments. Commencée en 830 pour y abriter les reliques du Saint, apportées d'Alexandrie par les Vénitiens, l'église a subi, depuis, des additions et des transformations aux Xe et XIe siècles. D'abord de style roman pur, on y ajouta plus tard cinq coupoles et une ornementation intérieure byzantines qui lui donnent un étrange aspect oriental. La façade, régulière dans ses grandes lignes, est très irrégulière si on en examine les détails. Ses nombreuses colonnes accouplées par deux ou par quatre, ne sont ni de même couleur, ni de même forme, ni de même hauteur. Beaucoup viennent d'anciens édifices païens. Les parois intérieures des voûtes et des murailles sont entièrement recouvertes de mosaïques à fond d'or. L'effet en est plus étrange que beau et les belles églises gothiques ont une grâce autrement captivante. Le pavé de mosaïque est du XIIe siècle.

Dès qu'on est entré, on est frappé par la quantité de curieux qui circulent en tout sens à travers les nefs comme sur une place publique. Des courants agités se forment englobant des sortes d'îlots paisibles de fidèles qui suivent les offices ou font leurs dévotions. Et c'est un étrange spectacle que celui de ce flot de visiteurs, de religions diverses, qui déferle et se brise contre les bancs et les chaises de catholiques groupés pour prier. Les distractions doivent être inévitables et fréquentes parmi les paroissiens de Saint-Marc. Les confessionnaux eux-mêmes, moins fermés que les nôtres, ne sont pas à l'abri de la curiosité de ces messieurs de l'agence Cook, qui paraissent ahuris lorsqu'ils les voient occupés.

Saint-Marc abrite, au creux de ses sculptures, des centaines de pigeons qui descendent dès le matin sur la place pour se faire nourrir par les passants. Les touristes trouvent à acheter du grain sur la place même et le donnent aux pigeons qui ne tardent pas, — ou tardent quelquefois, — à leur monter sur les bras, les épaules et même les chapeaux. On se fait alors photographier dans cette pose de charmeur d'oiseaux pour emporter un souvenir original de son passage à Venise.

Le palais des Doges n'est séparé de la cathédrale que par son magnifique portail situé à l'une des extrémités de l'édifice. Il limite un des côtés de la *piazzetta* qui est une sorte de prolongement à angle droit, allant jusqu'à la mer, de la grande place. C'est sur cette placette, du côté de l'eau, que se trouvent les deux fameuses colonnes dont l'une porte la statue de Saint-Georges, et l'autre le lion ailé qui personnifiait la puissante République.

Le palais Ducal est une merveille de l'art gothique. Il fut commencé en 800, mais plusieurs fois détruit par des incendies, ce qu'on en voit aujourd'hui de l'extérieur date du XVe siècle.

Ce qui captive l'attention à première vue, dans ce palais, c'est sa loggia du premier étage, composée de soixante-onze colonnes de marbre reliées par des ogives, colonnade placée elle-même sur une galerie basse formée de trente-six colonnes courtes et massives sortant du sol directement, sans soubassement. Les châpiteaux de toutes ces colonnes présentent une profusion d'ornements, de feuillages, de têtes d'animaux ou de figurines humaines. Enfin le dessus de la loggia est composé d'un étage fort élevé, tout uni, en marbre jaune et blanc disposé en damier, et éclairé seulement par quatre fenêtres ogivales. Cet étage rappelle les constructions arabes d'Espagne ; il domine de sa lourde masse les deux galeries du bas sans les écraser et sans choquer la vue, bien qu'on soit habitué à l'effet architectonique inverse qui a pour principe d'orner et d'alléger les façades à mesure qu'elles s'éloignent du sol.

La cour intérieure est d'une grande magnificence ; au centre s'ouvrent deux puits dont les margelles de bronze, du XVIe siècle, finement ciselées, représentent en hauts-reliefs des feuillages et des personnages. C'est de cette cour que part l'escalier des Géants, décoré de statues et de délicates sculptures Renaissance, qui conduit au premier étage. Le couronnement des Doges se faisait sur le premier palier de cet escalier.

On passe ensuite dans les salles qui ont conservé leur luxueuse décoration. Les plafonds seuls constituent pour ainsi dire un musée où, dans l'encadrement de riches motifs de sculpture dorés, brille en des scènes fastueuses le puissant coloris des maîtres Vénitiens.

Les salles ont gardé leur ancienne disposition et quelques-unes ont encore leur mobilier : salles de l'Anti-Collège et du Collège ; salle du Sénat, entourée de banquettes à coussins de cuir, avec le trône d'or, au fond, où s'asseyait le Doge. Salle du Conseil des Dix où s'élaboraient les évènements qui bouleversaient l'Europe, et salle des trois Inquisiteurs d'Etat d'où partaient les sentences qui faisaient trembler Venise. Nul ne soupçonnerait aujourd'hui à l'aspect de cette élégante salle, pleine de lumière, décorée de tableaux religieux, parmi lesquels *les Vices chassés par l'ange*, de Paul Véronèse, tout ce qui en est sorti d'arbitraire et de ténébreux. Puis l'antichambre des trois Inquisiteurs, plus petite et entourée de banquettes... sans coussins, qui était surtout l'antichambre des plombs et des puits.

Sur la porte qui relie cette pièce à la précédente, une statuette en bois tient de petites balances d'une main et de l'autre un énorme glaive. Près d'une autre porte communiquant avec l'escalier est une cassette de fer où l'on faisait passer du dehors, par la gueule d'un lion de marbre, les dénonciations anonymes pour faits politiques. La tête du lion fut arrachée et détruite, l'inscription qui se trouvait au-dessous martelée un jour de révolution. Il n'en reste plus que les débris, conservés tels quels, et la fente par où glissaient les terribles fiches.

On passe de ces salles dorées, claires, d'où l'on voit Saint-Marc, le grand canal, la mer et les îles aux infâmes basses-fosses où gémissaient nuit et jour les prisonniers. Mais le jour n'existait pas pour eux.

Ce sont des logettes de deux mètres de côtés, construites en pierres massives au niveau des fondations du palais. Elles s'ouvrent à droite et à gauche sur de longs corridors aux épaisses murailles suant l'humidité, où une seule personne peut passer à la fois. Quelques-unes ont une étroite fenêtre, garnie de gros barreaux, donnant sur le corridor. D'autres n'ont d'ouverture que la porte. Le gardien éteint un instant sa lanterne pour montrer que la nuit est alors absolue. Dans un coin de chaque cachot est une dalle de granit qui servait de couchette. Ces prisons étant au niveau de la lagune sont toujours humides, mais l'une d'elles, privée de fenêtre et où l'on ne peut pénétrer qu'en rampant tant la porte est basse, se trouve à un étage au-dessous des autres et est toujours inondée. C'est là, paraît-il, que le Doge Marino Faliéri, accusé de trahison par le parti aristocratique, fut enfermé en 1355 avant d'être mis à mort. Lord Biron, avide de doter sa noble inspiration d'un « frisson nouveau », obtint de se faire enfermer une nuit entière dans ce cachot.

A l'extrémité d'un des longs corridors, contre le mur séparant le palais du canal sur lequel est jeté le pont des Soupirs, est un réduit sinistre dont le sol, dallé, est percé de deux trous dans un de ses angles.

C'est le lieu où les malheureux prisonniers finissaient leurs peines lorsqu'on cessa d'exécuter en public. On faisait ensuite descendre le corps par une trappe du pont des Soupirs dans une barque qui le portait au Lido où il était jeté à la mer.

Les prisons sous les plombs, aussi redoutables que les autres, disait-on, n'existent plus.

XI

Venise. — Les Iles

La lagune de Venise est parsemée d'îles dont la visite pourrait se faire, à la rigueur, en une journée ; mais il est plus agréable de prendre les bateaux de l'après-midi et de rester le matin en ville où les distractions ne manquent pas.

En une heure, un petit vapeur rempli, comme de coutume, d'Allemands et d'Anglais nous porte, — un aimable parisien, M. Louis B..., que j'ai eu la bonne fortune de rencontrer à Venise, — et moi, à Torcello où l'on fait une escale rapide.

Il n'y a de curieux, dans cette île, qu'une vieille église du VIIe siècle, à trois nefs et à colonnes disposées suivant l'usage des premiers temps du christianisme. Cette église est ornée de mosaïques bysantines antérieures à celles de Saint-Marc, et possède une abside où les sièges des prêtres sont placés en hémicycle, comme dans les théâtres antiques, avec le trône épiscopal au milieu, plus élevé. Tout cela, peu élégant, car l'ensemble est construit en briques rouges sans le moindre effort artistique. Mais c'est du VIIe siècle, et Torcello n'a jamais été bien important.

De là, le bateau revient sur Burano où se trouve une vraie petite ville de beaucoup de cachet. Les hommes, tous pêcheurs, jambes nues, figures bronzées, offrent des traits plus caractéristiques que ceux des Vénitiens, et les femmes, simples, vivant de peu, enfermées dans leur île qui les a préservées des croisements étrangers, ont conservé toute la finesse et la pureté de leur type. On n'en rencontre pour ainsi dire pas de laides. Elles se coiffent d'un mouchoir rouge ou bleu dont elles font avancer un large pli en biais sur le front, coiffure qui avantage encore la beauté naturelle de leur visage.

Les petites filles, mises de même, ont des figures ravissantes ; quelques-unes sont très brunes, d'autres ont les cheveux cendrés et les yeux d'un bleu profond. Mais ce sont de vrais oiseaux sauvages qu'il ne faut pas espérer apprivoiser avec un sourire ou une pièce de deux sous. En attendant qu'elles soient assez grandes pour se mettre à la dentelle, on leur fait exécuter de petits ouvrages en perles. Elles sont installées par groupes devant les portes, avec des corbeilles remplies de petites perles sur les genoux, dans lesquelles elles plongent machinalement, sans regarder, de flexibles faisceaux de fils de laiton sur lesquels les perles s'enfilent par centaines. Elles sont gaies comme des fauvettes tout en chantant indéfiniment la même cantilène, d'accent mélancolique.

On visite à Burano l'importante fabrique de dentelles placée sous le patronage et la haute direction de S. M. la reine Marguerite.

Tous les passagers débarquent et la longue colonne, composée de plus de deux cents touristes de tous pays, s'engage dans les rues tortueuses de la ville. Les habitants sont sur les portes et nous regardent « comme des bêtes curieuses », bien que cette procession se renouvelle tous les jours pendant la saison. On nous conduit aux ateliers où se fabrique le point de Burano, aussi estimé que celui de Venise, mais qui en diffère en ce sens qu'il n'a qu'un côté, tandis que le point de Venise est pareil sur ses deux faces. Il se fabrique diverses qualités dont les prix varient de deux francs à deux mille francs le mètre, et l'on nous montre des mouchoirs de cinq francs et d'autres de cinq cents. Les ouvrières, toutes jeunes, la plupart jolies, ceintes de grands tabliers blancs, sont réunies dans une vaste salle parfaitement claire, aérée, d'une propreté remarquable. Elles ont sur les genoux un gros coussin cylindrique sur lequel elles font la dentelle à l'aiguille, non sans dévisager les visiteuses anglaises qui paraissent provoquer particulièrement leur hilarité.

Deux jeunes religieuses aux figures angéliques, coiffées d'un curieux petit casque de crêpe noir qui affine et idéalise leurs traits, imposent silence aux rieuses avec tout le sérieux dont elles sont capables, mais ne paraissent pas réussir à se faire craindre beaucoup.

Les anglaises n'en braquent pas moins leurs Kodacks... roulement de déclics... la visite est terminée.

. .
. .

Le lendemain nous allâmes au Lido, qui est comme le bois de Boulogne des Vénitiens. Toutes proportions gardées, d'ailleurs, car si le Lido n'avait pas l'Adriatique en face et Venise à l'autre bout de la lagune, ses guinguettes seraient à la hauteur de celles du Point-du-Jour ou de Suresnes. Mais quand il fait chaud et quand, au coucher du soleil, la société vénitienne s'y transporte, l'aristocratique foule ennoblit le lieu ; le Lido conserve son antique prestige.

Nous trouvâmes là, dans le grand établissement des bains, un de ces types curieux de guides cosmopolites à qui nous offrîmes un rafraîchissement pour le faire causer. Il y était, du reste, tout porté.

C'était une de ces figures auxquelles on ne saurait donner d'âge, visage glabre aux lignes fines, mais fatiguées ; profil d'empereur romain, air profondément blasé et désabusé. Il parlait couramment six langues, et nous pûmes vérifier, au moins pour l'anglais, l'espagnol et le français, sans compter l'italien, qui était la sienne, qu'il n'exagérait pas. Il eut, de plus, l'occasion de parler devant nous avec un allemand et il nous dit qu'il savait aussi le roumain. Cependant, cet homme ne paraissait pas plus de trente ans. Il avait travaillé à Paris, dans plusieurs villes françaises, à Madrid, à Londres, à Vienne et à Budapest. Il connaissait à fond les courants touristiques et savait quel jour une ville devenait « bonne » et à quel moment de l'année elle ne valait plus rien. Il changeait de pays comme nous changeons de chaussures. En nous remerciant, il nous dit de sa voix cassée, de sa voix toujours égale d'homme qui a reconnu l'inutilité des phrases et des déclamations : « Au revoir, Messieurs,... ici ou ailleurs,... je suis de partout ».

Quelle étrange philosophie dévoilerait un pareil homme, s'il savait noter ses observations et pouvait les publier !

***

Murano est la troisième île dont l'excursion est généralement recommandée.

La ville, de près de 4.000 habitants, posséda du XIIIe au XVIIIe siècles des franchises et des droits particuliers dus à la noble industrie du verre, qui est encore sa spécialité. Les citoyens de Murano pouvaient aspirer aux plus hautes charges de la République. Les maîtres verriers étaient de droit gentilshommes et les enfants nés de l'union d'un patricien de Venise et de la fille d'un verrier héritaient de la dignité de leur père.

A mi-chemin, on rencontre une petite île qui contient le cimetière de Venise, disposé comme tout Campo Santo italien, mais moins luxueux que beaucoup d'autres.

Lorsque meurt un habitant, son cercueil est déposé, après le service, sur la gondole funèbre, grande barque noire décorée à l'avant d'un ange argenté, grandeur naturelle, aux ailes déployées, et à l'arrière d'un lion couché, également en argent. Le cortège se forme comme dans tous les enterrements, avec cette différence que les voitures de deuil sont remplacées par une file de gondoles. Le Vénitien, après avoir passé une partie de sa vie sur l'eau, doit encore prendre la mer pour accomplir son dernier voyage.

Arrivés à Murano, des guides bénévoles nous dirigent immédiatement vers une des nombreuses grandes usines qui font la verrerie d'art et la mosaïque.

Nous passons dans des salles où des ouvriers, tranquillement assis devant des tables spacieuses, semblent occupés à ce jeu d'assemblage en bois découpé si prisé des enfants. Mais ici le bois découpé est remplacé par des tas de petits cubes de verre de toutes les couleurs. Chaque ouvrier a devant lui un papier sur lequel est reproduit un fragment du modèle à exécuter ; il cherche dans ses gammes de tons, comme pour une tapisserie, le petit cube qui convient, le colle à sa place sur le papier et, passant d'une nuance à l'autre, finit par couvrir ce papier qui, joint à ceux des autres ouvriers, forment une surface plus ou moins vaste que l'on applique avec des enduits spéciaux sur une façade, autour d'une colonne ou dans une coupole à décorer. Le panneau étant sec, il ne reste plus qu'à décoller le papier primitif et la mosaïque apparaît inaltérable, avec ses fonds d'or et toutes ses nuances.

De là nous allons voir les fours éblouissants où des ouvriers, véritables artistes, vont puiser au bout d'un tube métallique la boule de verre en fusion qu'ils transforment devant nous en feuilles d'acanthe, en hippogriffes pailletés d'or ou autres animaux de haute fantaisie.

L'inévitable petit chien de verre, exécuté en une minute, nous est offert, provoquant le pourboire et annonçant la fin de la visite.

On a hâte, d'ailleurs, de quitter cet antre embrasé pour aller respirer au dehors, sur le petit bateau qui nous ramène, l'air vivifiant du large. Ce métier de souffleur et mouleur de verre est si pénible qu'il faut compter sur l'atavisme pour le recrutement des ouvriers. Seuls, les verriers de père en fils peuvent supporter le travail devant les fours, et encore faut-il qu'ils viennent dès l'enfance s'habituer tous les jours à cette température jusqu'à l'âge où ils seront aptes à devenir eux-mêmes ouvriers.

XII

Vérone. — Milan

Il a fallu quitter Venise ! Dire adieu à cette place St-Marc où l'on court dès le matin, où l'on va prendre son café après déjeûner, où l'on revient encore le soir ; reprendre en sens inverse le chemin d'eau encombré et la fine gondole noire, locomotion étrange, par ces temps d'automobiles et de ballons dirigeables, qui vous recule de trois siècles dans le temps.

Puis, c'est le pont étroit sur la lagune, long de trois kilomètres, avec l'eau des deux côtés ; puis les marais qui apparaissent, entrecoupés de terre gazonnée ; puis des vases encore inondées çà et là ; enfin la terre ferme, la verte campagne, des rizières, des vignes à perte de vue !

Il n'y a que huit jours que je suis à Venise, et je regarde avec curiosité un cheval attelé !

Déjà la chaîne blanche des Alpes Tyroliennes se dessine à droite ; les hauts pics, au-dessus de la ligne des nuages, s'en distinguent par leur éclat.

Je revois en passant les clochers de Padoue ; Vicence, qui donna le jour à Palladio, le dernier grand architecte de la Renaissance ; Arcole, célèbre par les combats qu'y livra Bonaparte... Les gares sont pleines de troupes ; la grève des employés de chemins de fer est, depuis quelques jours, à l'état endémique ; le nombre des trains est diminué de moitié et l'on craint des attentats contre le matériel. Cependant le train arrive sans encombre et sans trop de retard à Vérone.

. .

On entre dans la ville par une longue et large avenue de platanes. On passe des portes, des fossés, des fortifications, l'*Adige* au cours torrentueux, et l'on voit des militaires presque autant qu'à Toulon des marins.

Vérone, place forte de première classe avec commandement de corps d'armée, a appartenu en moins d'un siècle aux Français, aux Autrichiens et aux Italiens qui en étaient déjà les premiers possesseurs.

De même que Gênes eut pour maîtres les Grimaldi et les Doria, Florence les Strozzi et les Médicis, Vérone eut pendant plus d'un siècle sa destinée liée à celle des Scaliger, famille fatale, dont l'histoire est émaillée d'assassinats. Leur nom patronimique étant *della Scala*, les échelles ne se comptent pas, dans la ville, sur les monuments et les armoiries, bien entendu. Tout est ici aux Scaliger et aux Scala.

Leurs tombeaux, gothiques, se trouvent réunis — chose rare — en un petit square fermé, sous l'égide d'une modeste église lombardo-romane. Le sarcophage du héros de la famille, *Can grande della Scala*, est au-dessus du portail de l'église ; mais le plus beau de tous est celui que *Signorio Scaliger* se fit élever de son vivant en 1375. Il est récompensé de tant de goût et de prévoyance par la reproduction exclusive de sa dernière demeure sur les cartes postales.

Un monument moins tapageur se voit aux abords de la ville, dans une vieille chapelle franciscaine dont le silence et la solitude sont rarement troublés par les pas du touriste : le tombeau supposé de Juliette. Il est couvert d'épigraphes et des cartes de visite, comme à la Toussaint celui d'Eloïse et d'Abelard, au Père Lachaise.

Les parents de la jeune fille demeuraient en une maison de modeste apparence de la *via Capello*, aux murs noircis par le temps, aux petites fenêtres gothiques. J'ai vainement cherché celle par où Juliette voyait poindre les premières lueurs de l'aube, au grand désespoir de la jeune fille. Rien ne la désigne spécialement aux regards.

Quant aux portraits des deux malheureux amants, si j'en juge par les nombreux Roméos et les fréquentes Juliettes rencontrés au hasard de mes promenades, je puis l'établir ainsi : Le jeune Montaigut était petit de taille, très brun, moustache naissante et touffe de cheveux noirs sur le front, débordant la toque ; il avait la romance facile et une voix superbe. Au demeurant, figure quelconque, bien qu'assez beau garçon.

La petite Capulet, elle, avait le menton arrondi, les joues grassouillettes, un peu empâtées malgré sa jeunesse, le nez long, pointu et légèrement busqué. Au surplus des yeux magnifiques pouvant remplacer avantageusement la parole à l'occasion.

En somme, un couple d'un galbe intéressant pour Vérone, mais qui eut passé pour ordinaire à Padoue. *Sic transit gloria mundi.*

La cathédrale de Véronne m'a infiniment charmé. Sur une centaine d'églises visitées en quelques semaines, et forcément un peu mélangées aujourd'hui dans le souvenir, celle-ci se détache nettement avec sa belle et large nef centrale, où l'air circule librement, ses élégantes nefs latérales, ses fines colonnes de marbre rose s'élançant d'un seul jet jusqu'à la voûte azurée, constellée d'étoiles d'or.

Il est vrai, qu'après une nuit détestable de vent glacial et de pluie, un gai soleil inondait la basilique, telle une lumineuse clairière parsemée de beaux arbres. Une maîtrise nombreuse, bien conduite, placée dans une tribune élevée, exécutait un superbe morceau de musique sacrée, et tandis que le motif s'achevait, les voix s'éteignant graduellement, deux grands panneaux dorés s'ouvraient sans bruit au-dessus des musiciens, découvrant à leurs revers de magnifiques peintures ; un orgue chargé de ciselures et de dorures, suivant la mode italienne, apparaissait et commençait par des sons d'une douceur exquise à donner la réplique aux chanteurs... l'harmonie et l'encens s'élevaient vers les voûtes... la cérémonie de la consécration de l'eau bénite s'accomplissait.

On était à la veille de Pâques et quatre fois, ce matin-là, j'ai vu faire l'eau bénite dans différentes églises ; quatre fois j'ai entendu le carillon des cloches revenant de Rome. Le voyage ne paraissait pas les avoir fatiguées.

En Italie, on voit peu de fidèles suivre ces cérémonies de la Semaine Sainte, mais les églises sont si nombreuses, les messes si fréquentes, qu'on ne saurait, *à priori*, se faire une opinion à ce sujet.

.·.

En revanche, le lendemain, la cathédrale de Milan était comble au moment de la grand'messe, et quand elle est comble, elle contient environ quarante mille personnes. Après Saint-Pierre, c'est la plus grande église du monde. Je n'ose dire que c'est la plus belle, sachant les critiques que l'on fait à son style, mais en tous cas, elle produit un effet prodigieux. Quelques chiffres aideront à justifier cette appréciation :

Ce célèbre dôme est entièrement construit en marbre blanc ; la place qu'il occupe sur le sol est de 12.000 mètres carrés et la hauteur de la tour qui supporte la Vierge dorée de 108 mètres. Il y a 494 marches pour monter jusqu'à la Vierge. L'édifice compte 98 flèches gothiques et est orné extérieurement de 2.000 statues.

Intérieurement, les colonnes, au lieu de chapiteaux, sont décorées d'une couronne de niches contenant des statuettes ; l'effet n'y gagne pas. Les voûtes, ciselées à jour, imitent le dessin d'une guipure.

La cathédrale a cinq nefs ou sept en comptant les chapelles et trois aux transepts ; on y circule aussi à l'aise que sur une place publique. Toutes les parois sont sculptées dedans et dehors. Le toit lui-même est une curiosité et non des moindres : il est formé de larges dalles de marbre chevauchant, comme les tuiles, les unes sur les autres ; il est donc tout blanc, parfaitement propre, à peine incliné et lorsqu'on y est monté, lorsqu'on se trouve à la hauteur et au milieu de cette forêt de tourelles, de clochetons, de flèches, de motifs d'architecture variés à l'infini et finement sculptés, on reste là habituellement plusieurs heures avant de redescendre. Du balcon de la flèche centrale, la chaîne des Alpes apparaît, barrant tout un côté de l'horizon ; de l'autre, la plaine Lombarde à perte de vue. En bas, la ville élève ses clochers, ses coupoles, ses colonnades...

L'ascension du Dôme est pénible, le vertige y est à craindre dans le dernier tiers de l'escalier, qui devient extérieur ; mais si l'on a pu surmonter ces difficultés, on est payé de sa peine. Jusqu'au toit, l'ascension est à la portée de tout le monde ; le jour de Pâques, il fut aussi fréquenté que le Gravier un jour de musique.

La beauté du type italien, qui était en décroisssance à Venise et à Vérone, a presque disparu à Milan. Une ville de plus de quatre cent mille âmes est un creuset qui ne contient plus que de l'alliage. Les femmes de la Société milanaise sont mises comme en France, avec un peu moins de goût, et le peuple, venu de partout, mais surtout du Nord où la race est moins fine, n'a rien de caractéristique.

Seules, les nourrices des grandes maisons méritent une mention honorable pour leurs costumes charmants de pittoresque. Leurs jupes lilas, pourpres ou saumonées, éclatantes au soleil ; les calottes métalliques dorées, les madras de soie jaune, les épingles de chignon à boules filigranées aussi grosses que des mandarines dont elles s'ornent la nuque, les feraient prendre aisément pour des princesses exotiques lorsqu'on les voit passer dans la voiture de leurs maîtres. C'est la seule note qui tranche un peu dans la foule.

Milan est le premier centre littéraire de l'Italie. Quelques-unes de ses églises sont intéressantes à visiter ainsi que son musée, fort important, bien que de second ordre. La ville s'enorgueillit de posséder une inestimable fresque de Léonard de Vinci, la Cène, connue du monde entier et perpétuellement reproduite par tous les procédés en usage. François Ier, après Marignan, la considérait comme son plus précieux butin et voulut l'emporter, mais on ne sut comment la détacher du mur. Certains connaisseurs estiment cette fresque comme la plus belle œuvre qui existe. « Ce tableau est le premier tableau du monde » *Prud'hon*. « Fresque prodigieuse, chef-d'œuvre de son auteur » *Viardot*. Et *Vasari*, contemporain de Vinci : « Le ciel, dans sa bonté, rassemble parfois sur un mortel ses dons les plus précieux et marque d'une telle empreinte toutes les œuvres de cet heureux privilégié qu'elles semblent moins témoigner de la puissance du génie humain que de la faveur spéciale de Dieu. ».

Après de pareilles citations, la cause est, comme on dit, entendue et tout commentaire me semble inutile.

XIII

Le Simplon. — Route et tunnel

La traversée des lacs italiens est une des plus belles excursions qu'on puisse faire, mais il faudrait une plume Lamartinienne pour dépeindre ces pays enchanteurs ; et encore, on ne dépeint pas un rêve parasidiaque, car c'est un rêve que ce voyage lorsque le temps est beau.

Je dirai seulement à ceux qu'il tentera qu'il est bien préférable de le faire de Milan avec un billet circulaire et sans bagages, ou avec seulement son sac à main. En agissant ainsi, et en consacrant une première journée aux lacs de Côme et de Lugano et la seconde au lac Majeur, on ne sera pas ennuyé par le souci des bagages et des douanes, car le lac de Lugano est suisse dans la partie desservie par les bateaux, et l'on n'aura pas, comme votre serviteur, à faire transborder dix fois sa malle en vingt quatre heures, — mon itinéraire ne me ramenant pas à Milan, — et à mettre à contribution d'innombrables *fachini* empressés mais coûteux. Débarrassé de toute gêne matérielle, on n'aura plus qu'à bien regarder et l'on emportera de ces régions privilégiées un impérissable souvenir.

Deux journées entières de navigation m'ayant conduit à Pallanza, sur la rive occidentale du lac Majeur, j'y pris une voiture qui me mena en une heure à Gravellona, et là, le train venant de Novare me déposa sans autre arrêt à Domodossolla un soir à six heures. Il s'agissait de faire le lendemain le passage du Simplon ; non le passage du tunnel qui n'est pas encore livré aux voyageurs et d'où ils sortiraient, pour l'instant, cuits comme des homards, mais le passage par dessus, à 2.000 mètres en l'air, d'où l'on risque au contraire d'arriver gelé.

Comment tuer le temps jusqu'au dîner dans cette ville de 2234 âmes ? Je me promenai dans les rues, recommençant quand j'avais fini, et faisant chaque fois de longue stations devant quatre cartes postales qui se « battaient en duel » derrière la vitre de la grande papeterie centrale. Je me serais volontiers assis, mais les promenades publiques sont ornées de bornes de granit en guise de bancs, et j'hésitais à me percher là-dessus.

Deux habitués du café de la Place, — les deux habitués, pourrais-je dire, — bâillaient à se décrocher la machoire derrière quelques sapins étiques plantés dans des pots et j'hésitais également à leur apporter le renfort d'une troisième machoire, leurs yeux, qui ne me perdaient pas de vue quand mes orbes me ramenaient vers eux, m'indiquant assez que ces deux habitués me guettaient comme l'araignée la mouche, prêts à m'engrener dans des parties de billard ou de manille sans fin ; et je continuais à tourner…

Au bout de trois quarts d'heure, toute la ville me connaissait ; ses 2234 habitants m'avaient vu plusieurs fois chacun. Il n'y avait qu'un autre étranger ce soir-là à Domodossola et je sus le lendemain qu'il était resté dans sa chambre pour travailler.

. .

A cinq heures du matin on tapait à ma porte ; on répond alors, en Italie : « *Va bene* », même quand on ne décolère pas d'avoir à se lever si matin, et à six heures je montais dans le coupé d'une diligence à cinq chevaux avec, comme compagnon de route, un voyageur allemand.

Deux autres diligences sont prêtes à partir. Elles emportent des gens du pays, des contremaîtres, des employés qui se rendent aux chantiers du Simplon. Pas de touristes, la saison n'est pas encore commencée.

Tout cela s'ébranle dans un grand bruit de grelots, de cris, de coups de fouets et, dix minutes plus tard, la côte commence. Une côte qui va durer pendant sept heures, entrecoupée seulement çà et là de quelques centaines de mètres en palier.

Tout de suite, le paysage devient sévère. Tandis que nous laissons derrière nous le val d'Ossola, belle plaine d'un beau vert tendre, admirablement cultivée, devant nous commencent à s'ouvrir des gorges rocailleuses, des champs de pierres éboulées, des murailles qui s'élancent, d'un seul jet, du torrent qui gronde au fond de l'étroite vallée, jusqu'à de lourds nuages dans lesquels leur sommet disparaît.

Mon compagnon de route est bavard comme une pie, mais ne connaît pas le français; il sait, malheureusement, un peu d'italien, et alors commence entre nous une de ces conversations qu'on peut appeler « à bâtons rompus ». Je ne peux lui servir que des phrases sans verbes, mais il les accepte avec reconnaissance, comprend tout de même et me répond avec une prolixité qui n'est pas récompensée, car de mon côté je ne comprends rien du tout. Enfin il y met une telle bonne volonté et est si content de me trouver toujours de son avis — j'eus été bien embarrassé pour le contredire — que la causerie se poursuit ainsi pendant plusieurs heures et qu'elle durerait encore s'il n'avait dû, à un certain moment, changer de voiture. Il était temps, je me sentais noircir à force de parler nègre !

Pendant ce temps, nos cinq chevaux tiraient toujours et nous arrivions à Isèle, premier relai où toute la cavalerie est remplacée pendant que les postillons boivent leur premier petit verre. Ils se succéderont désormais, ces petits verres, chaque fois que les chevaux auront eu un rude coup de collier à donner ; et ils sont fréquents les coups de collier...

Les pentes deviennent plus raides ; la route commence à faire de grands lacets, à revenir brusquement sur elle-même et toujours nous voyons devant nous, très haut sur nos têtes, les bornes et poteaux télégraphiques qui jalonnent le trajet que nous allons suivre.

Nous rencontrons le poste de douaniers italiens, puis, un peu plus loin, la colonne de granit qui indique la frontière. Nous voilà en Suisse en un petit pays appelé Gondo, station de la douane suisse. Pas méchante, celle-là. Un seul douanier se présente :

— Monsieur n'a rien à déclarer, n'est-ce pas ?...

— Absolument rien, cher Monsieur. J'allais ajouter : « Je ne fume pas » ; mais ne pas fumer, aux yeux d'un suisse est un cas grave ; je me retiens pour ne pas baisser dans l'estime d'un si brave homme.

La route a pris un aspect saisissant : Le torrent, que nous suivons toujours, coule seulement à quelques mètres en contre-bas, mais de ses bords s'élancent, à droite et à gauche, des murailles de roches qui montent à pic à plus de six cent cinquante mètres. Les nuages se sont élevés lentement, et nous voyons maintenant, couronnée de neige, la crête de cette profonde entaille dans laquelle nous avançons. L'air est devenu plus frais, la neige commence à se montrer sur la route. Ça et là, des avalanches s'y sont écrasées qui ont été ouvertes en tranchées, et les voitures se glissent entre ces blanches murailles taillées à la pelle, qui montent parfois jusqu'au siège du postillon.

Mais tout à coup un énorme bloc se montre devant nous ; un rocher plus gros qu'une maison de six étages est tombé en cet endroit et a déplacé la route dans sa chute.

Ce voyage qui s'annonçait si bien va-t-il en rester là ?... Je me désole déjà d'avoir à revenir à Domodossola, à reparaître devant ses 2.234 habitants que j'ai assez vus, qui me connaissent tous et qui ont droit, eux aussi, à un peu de changement...

En effet, le postillon descend et ouvre ma portière... mais ce n'est heureusement que pour m'inviter à marcher un instant. Le bloc est tombé il y a huit jours ; depuis lors, nuit et jour, on a fait jouer la mine, on l'a un peu écorné du côté opposé au ruisseau, la route a été remblayée et la diligence, déchargée, a la place de passer.

Tout le monde remonte, joyeux d'en être quitte à si bon compte ; j'offre la deuxième place de mon coupé à un officier de chasseurs alpins qui vient de passer sa permission en Lombardie et qui s'ennuyait dans la seconde voiture.

L'ascension reprend, toujours aussi dure. Nous

passons devant le tunnel qui vient d'être percé et qui, traversant le Simplon, aboutit, vingt kilomètres plus loin, à Brigue. Sa bouche fume comme une gueule de four. De gros tuyaux en sortent de divers côtés, épuisant les sources d'eau chaude qui compromettent toute l'entreprise et désespèrent les ingénieurs, quand elles ne les asphyxient pas. Ce tunnel a été une déception d'un bout à l'autre des travaux : Estimé à trente millions dans le principe, il a fini par en coûter près de quatre-vingts et, pour l'instant, il est impraticable. Mais lorsqu'on sera parvenu à surmonter les difficultés imprévues qui ont surgi en foule, — et la science moderne est certainement à la hauteur de la tâche, — ce magnifique travail comblera une lacune, dans les réseaux Suisse-Italien d'abord, et plus tard dans le réseau Français. Soit qu'on adopte chez nous le trajet par La Faucille et Genève, soit par Vallorbe et Lausanne, la distance de Paris à Milan se trouvera considérablement diminuée et le commerce des villes intermédiaires sensiblement favorisé.

Des maisons ouvrières, construites en planches, forment aux alentours du tunnel une véritable ville. Mais nous ne nous arrêtons pas ; la faim se fait sentir pour les voyageurs et pour les chevaux ; il est midi, nous atteignons le village du Simplon, à 1479 mètres, où l'on relaie et où il est de tradition d'aller se faire « écorcher » dans une auberge d'aspect pourtant bien modeste.

XIV

Le Simplon. — Dans la neige!

Nous apprenons là qu'un peu plus loin, dans une heure, il faudra faire du traineau. Cependant la route n'a pas de neige, on ne la voit que sur les pentes et sur les pics environnants ; nous avons une vague idée qu'on se moque de nous.

Les trois voitures repartent, toujours au pas, car nous montons toujours ; depuis Domodossola, nous n'avons pas trotté cinq minutes. Mon compagnon, qui a fait les quatre grandes routes des Alpes et dont les ascensions ne se comptent plus, me donne en chemin les détails les plus intéressants. Il me fait remarquer bientôt un immense champ de rochers entassés en un affreux chaos. Toutes ces pierres paraissent cassées de frais, elles ont certainement été apportées là récemment, mais comment?... Un pareil travail eut coûté plus cher que le tunnel du Simplon lui-même, et dans quel but?... Or, ces pierres représentent tout simplement un notable morceau du *Fletschorn* qui s'est éboulé il y a trois ans, emporté par le glissement de son glacier. La masse a roulé suivant les pentes et les couloirs pendant plusieurs kilomètres et est allée s'étaler dans une vallée qu'elle a couverte de ses débris. Une ferme contenant trois personnes et vingt vaches fut rasée dans ce cataclisme, dont le bruit s'est entendu à plus de quinze lieues. Deux corps seulement furent retrouvés.

Ces hautes régions alpestres sont d'ailleurs constamment en mouvement. Les pluies de pierres sont journalières et les petites cabanes de bergers sont toutes abritées du côté de l'escarpement par un éperon en maçonnerie qui sert à diviser les avalanches ou à recevoir le choc des rochers.

Mais pendant que nous causons du *Fletschorn* la voiture a continué à monter ; nous avons atteint le col à 2.100 mètres, voici maintenant le versant septentrional et voici la neige! La route est toute blanche, les prairies, les pentes sont recouvertes de leur manteau d'hiver. La vue devient pénible et les postillons mettent des verres noirs. Les équipes de cantonniers qu'on rencontre ont tous aussi des lunettes noires. Nous qui n'avons pas prévu le cas, nous nous contentons de nous frotter les yeux.

Les chevaux tirent de plus en plus lentement ; leur fatigue est extrême, ils sont en nage, leurs flancs fument. La neige s'épaissit rapidement, nous voyons arriver le moment où ils ne pourront plus avancer, lorsqu'apparaissent plusieurs traîneaux abandonnés sur le bord de la route. Tout le convoi s'arrête et nous opérons le transbordement en nous mouillant jusqu'aux chevilles dans la neige à demi fondue. On met quatre voyageurs par traîneau ; les chevaux sont également répartis deux par traîneau, attelés l'un devant l'autre. Enfin les bagages occupent les deux derniers véhicules, en tout sept, et l'on repart rondement cette fois.

Mais la tranchée dans la neige n'a été faite que par places, de sorte que tantôt nous sommes presque au niveau de la route et tantôt à un mètre au-dessus. Le traîneau exécute le mouvement des montagnes russes, monte sur les buttes de neige ou pique dans des trous en tombant sur les jarrets du cheval, pendant que nos bagages de main exécutent une danse folle sous nos jambes.

Bientôt, la couche blanche s'épaississant encore, nous perdons totalement contact avec la route. Nous en suivons bien toujours la direction, guidés par les poteaux télégraphiques, mais séparés par une couche de deux mètres de neige. Il n'y a plus de bornes, plus de garde-fous. Nous glissons dans un sillon tracé au flanc glacé d'une pente relevée d'environ soixante degrés. A notre droite, la muraille presque à pic ; à gauche, un abîme dont on ne voit pas le fond. En haut, en bas, le regard se perd, c'est l'immensité; l'on éprouve la sensation de l'irréel!

Je me retourne, dans les courbes, et vois que les traineaux qui suivent occupent exactement toute la place horizontale ; leur glissière de gauche porte parfois dans le vide. Cependant les cochers paraissent si tranquilles, les chevaux ont le pied si sûr, que l'idée ne me vient même pas que nous courons un danger, que nous sommes à l'époque des avalanches et qu'à chaque instant ce beau soleil peut nous en expédier une qui nous emmènera avec elle voltiger dans l'espace. Je remarque seulement que l'officier ne dit plus un mot et qu'il ne perd pas de vue les guides et les mains du cocher, celui-ci étant déjà plein de petits verres jusqu'au nez et ayant la manie de regarder en arrière pour voir ce que font ses collègues.

Dans les endroits où les éboulements de neige sont les plus fréquents, la route passe en tunnel sous le rocher, mais ces galeries n'ont pas plus de vingt ou trente mètres et il y a deux heures que nous contournons ces escarpements, suspendus sur le vide.

Au moment d'atteindre un de ces tunnels, notre timonnier s'abat tout d'un coup. Il veut se relever et retombe. Ses pattes de devant ont rencontré de la neige molle et il y est entré jusqu'au poitrail.

A tout autre moment, la situation de ce cheval, la croupe en l'air s'avançant sur nos genoux, la tête dans la neige, eut été drôle, mais là elle était critique. Ses efforts ébranlaient le traineau ; l'autre cheval tirait et ruait, nous risquions de faire une descente à peu près verticale de quatre à cinq cents mètres dans la vallée ; il fallait sauter.

La place manquant pour sauter de côté, nous sautâmes en avant, entre le traineau et le cheval abattu ;

mais là non plus la neige ne portait pas ; nous y entrâmes jusqu'aux aisselles. Seul, l'officier ayant fait un faux pas, tomba à plat ventre et put se relever. Il vint nous aider à nous tirer de nos trous, quelques autres voyageurs accoururent également, nous entourâmes le cheval, le tirant, le poussant, jusqu'à ce que la pauvre bête, s'arqueboutant sur ses pattes de derrière, fit un suprême effort et se dégagea.

Pendant ces incidents, nous avions intercepté la route à tout le convoi et une anglaise, partie après nous du Simplon, se lamentait :

— Cocher ! je devais prendre le train ce soir à six heures.

— Eh bien, Madame, ce sera pour demain...

— Alors, il faudra *dormir* ce soir à Brigue ?

— Je crois, en effet, Madame, que vous serez forcée d'y coucher ;

— Aho ! je dis c'est ennuyeux, vous savez...

Pour nous aussi, c'était ennuyeux, car ce retard nous faisait perdre un jour. Forcés de coucher à Brigue, nous ne pouvions partir que le lendemain pour Genève.

Notre traîneau s'était rempli de neige que le soleil avait en partie fondue ; nous étions sortis de nos trous avec de la neige dans les chaussures et dans toutes nos poches ; nous étions mouillés, gelés et... ravis d'un voyage qui s'évadait de plus en plus de la banalité courante.

La descente reprit de plus belle jusqu'au prochain relai, qui eut lieu au grand hospice que Napoléon Ier fit édifier sur cette route d'après le modèle de celui du Saint-Bernard.

Cet hospice est situé au pied du *monte Leone*, pic grandiose dont la tête aérienne accroche les nuages à 3.500 mètres d'altitude. L'hospice étant à 1900 mètres, c'est un à-pic de 1600 mètres que nous avions devant nous, chose très rare, même dans les Alpes.

Il y a deux ans, une avalanche partie du *monte Leone* rasa un refuge qui était là depuis cent ans, près de l'hospice, et tua plusieurs personnes qui s'y trouvaient.

Un des pères veut bien nous faire visiter l'établissement. Il y a des chambres confortables pour les touristes, un beau salon, une chapelle ouverte à tous, — nous sommes en Suisse, pays libre et protestant, — et de vastes écuries. Mais on y héberge surtout gratuitement les cheminaux qui montent d'Italie vers le Valais. Dans une ample et claire cuisine, quatre magnifiques molosses du Saint-Bernard dorment au chaud sur le plancher. Le salon renferme le portrait à l'huile de Napoléon, avec le décret qui ordonna la construction de l'hospice.

Pendant que nous avons visité, des chevaux frais ont été remis aux traîneaux et nous repartons, mais bientôt nous trouvons des diligences vides sur la route. Nous y abandonnons les traîneaux et un nouveau transbordement à lieu. On reprend avec un sensible plaisir les confortables places bien closes et les moelleux coussins des voitures.

A mesure que nous descendons, la neige diminue très vite ; en face de nous se déploie toute la chaîne des Alpes grées que le soleil déclinant glace par places d'ombres bleues et de lumières roses. Pendant deux heures, la *Jungfrau* s'offre à nos regards enthousiasmés dans sa virginale blancheur. Puis enfin apparaît à nos pieds, très bas, dans une plaine très verte la petite ville de Brigue dont les maisons ressemblent, de notre hauteur, à des jouets d'enfants. Nous dominons la vallée comme si nous étions en ballon et il faut encore deux heures pour descendre jusqu'à la ville, en décrivant d'immenses courbes, de dangereux lacets que les chevaux passent au grand trop, parfois au petit galop.

Mais nous sommes bronzés maintenant. Nous avons

laissé là haut, dans nos trous de neige, vertige et émotions. Cependant, comme nous entrions en ville, l'officier de chasseurs alpins, qui n'avait plus desserré les dents, s'écria tout à coup comme sortant d'un rêve :

— C'est bien beau, mais c'est folie que de faire faire pareille route à des touristes en cette saison : j'ai noté à chaque instant des points où nous pouvions recevoir quelque chose sur la tête. Depuis que je suis Alpin, jamais je n'ai rien fait faire d'aussi dangereux à mes hommes...

— Oui, repris-je, mais avouez que c'est magnifique. Quant à moi, j'espère bien refaire cette route.

— Moi aussi ! fit-il avec force, je la referai, et pour mieux en saisir l'ensemble, je la referai dans l'autre sens.

EUGÈNE FAUGIÈRE.

Mai 1905.

TABLE

		PAGES
I.	— Nîmes. — Arles.	3
II.	— De Marseille à Monte-Carlo.	7
III.	— Gênes. — Le Campo Santo.	11
IV.	— Pise.	16
V.	— Florence. — Le Dôme.	21
VI.	— Florence. — San Lorenzo.	25
VII.	— Florence. — Une journée de Peinture. — Les Ufizzi et le Palais Pitti.	31
VIII.	— Bologne. — Padoue.	38
IX.	— Venise. — La place Saint-Marc.	43
X.	— Venise. — Saint Marc et le Palais des Doges.	47
XI.	— Venise. — Les îles.	53
XII.	— Vérone. — Milan.	58
XIII.	— Le Simplon. — Route et Tunnel.	63
XIV.	— Le Simplon. — Dans la neige !.	69

Aurillac. — Imprimerie H. GENTET et fils, 6, rue Marchande.

www.ingramcontent.com/pod-product-compliance
Lightning Source LLC
LaVergne TN
LVHW051508090426
835512LV00010B/2410